키코 산체스
스페인 마요르카에서 태어나 바르셀로나에서 살고 있어요. 미술을 공부하고 일러스트레이터이자 디자이너로 활발하게 활동하고 있어요. 이 책이 첫 책입니다.

임수진
경희대학교 정치학과에서 박사학위를 받고 칠레가톨릭대학교 정치연구소에서 방문연구원을 지냈어요. 지금은 대구가톨릭대학교 스페인어중남미학과에서 라틴아메리카 정치와 대외 관계를 연구하며 가르치고 있습니다. 저서와 논문으로 『라틴아메리카 음식 '듬뿍'』(공저), 「환경안보: 칠레 사례를 중심으로」, 「미식국가 페루의 공동체 통합과 발전」 등이 있고, 『알라메다의 남쪽』, 『똑똑한 기계들 사이에서』, 『나와 가짜뉴스』 등을 옮겼어요.

미로, 지하철, 벙커까지
세계 터널 탐험

2024년 1월 10일 초판 1쇄 인쇄
2024년 1월 30일 초판 1쇄 발행

지은이	키코 산체스
옮긴이	임수진
펴낸이	김상미, 이재민
편집	김세희, 이지완
디자인	나비
펴낸곳	(주) 너머_너머학교
주소	서울시 서대문구 증가로20길 3-12 1층
전화	02)336-5131, 335-3366, 팩스 02)335-5848
등록번호	제313-2009-234호
ISBN	979-11-92894-47-8 77400
	978-89-94407-89-0 77400(세트)

Túneles
© Text and illustrations: Kiko Sánchez, 2023
Represented by Tormenta
www.tormentalibros.com
© Korean translation: Nermer, 2024
Korean translation rights arranged with Tormenta through Orange Agency.
All rights reserved.

너머북스와 너머학교는 좋은 서가와 학교를 꿈꾸는 출판사입니다.

미로, 지하철, 벙커까지
세계 터널 탐험

키코 산체스 글·그림 | **임수진 옮김**

너머학교

아래 터널을 잘 따라오세요. 놓치면 안 돼요!

미로, 지하철, 벙커까지
세계 터널 탐험

차례

- 콘월 선사 시대 푸구 6~7
- 가다라 땅속 수로 8~9
- 피라미드의 지하 터널 10~11
- 도버성 지하 터널 12~13
- 헤갈레이라 미로 14~15
- 델라웨어 수로 16~17

베를린 장벽 지하 터널들 18~19

궈량 터널 20~21

가장 깊은 콜라 시추공 22~23

티후아나 범죄 터널 24~25

드람멘 나선형 터널 26~27

거대 강입자 충돌기(LHC) 28~29

백악관 지하 벙커 30~31

국제 씨앗 저장고 32~33

채널 터널 34~35

서울 지하철 36~37

테오 배수 터널 38~39

온칼로 핵폐기물 처리장 40~41

화성 용암 동굴 44~45

용어 해설 46~47

세쿼이아 나무 터널 42~43

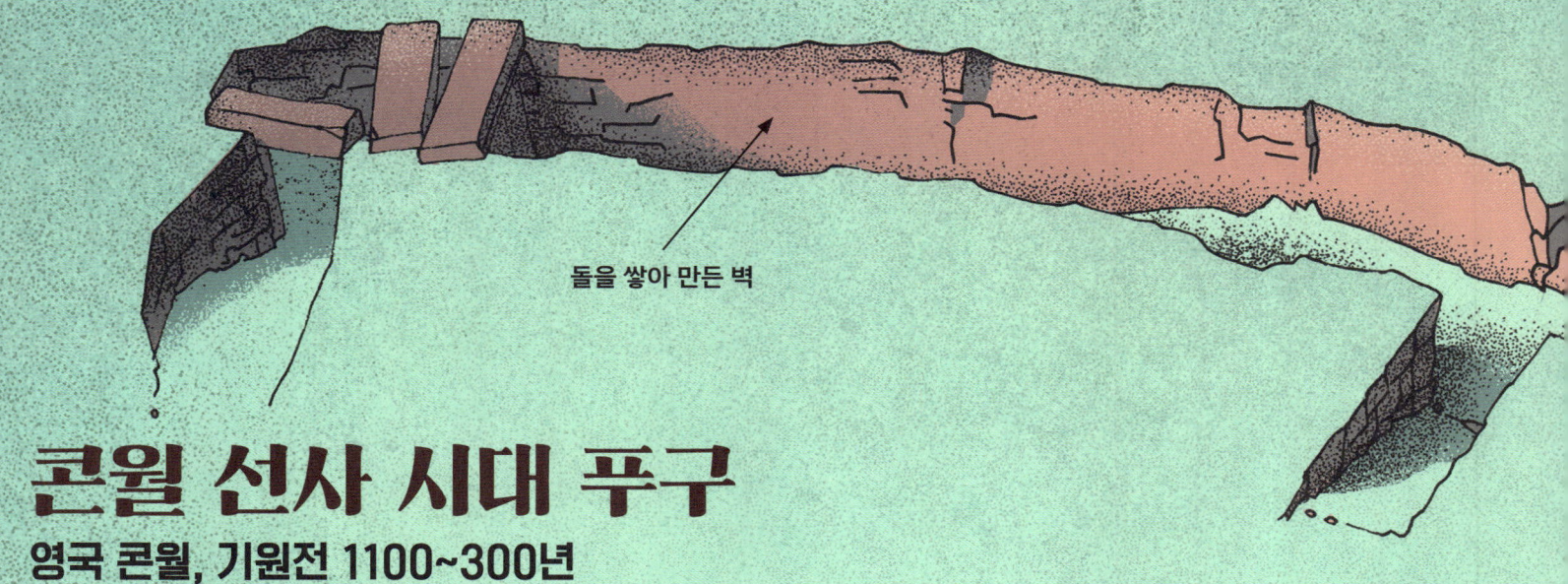
돌을 쌓아 만든 벽

콘월 선사 시대 푸구
영국 콘월, 기원전 1100~300년

오래전 콘월 지역에서는 켈트어를 사용했어요. '푸구'는 켈트어로 동굴 또는 지하에 접합제 없이 쌓은 마른 돌담을 뜻해요. 콘월에서는 서로 다른 시대에 만들어진 푸구가 200개 넘게 발견되었어요. 선사 시대 동굴은 사람과 동물의 피난처 역할을 했고, 그렇게 드물지는 않아요. 하지만 푸구는 자연적으로 생기거나 돌을 깎아 만든 것이 아니에요. 지하에 땅을 파고 기둥을 세운 뒤에 돌로 벽을 쌓고, 그 위를 덮어 동굴처럼 보이게 한 거예요.

할리가이에 있는 푸구가 가장 유명해요. 이 푸구는 잘 보존된 편이지만, 수집가들과 호기심 많은 사람들이 수 세기 동안 드나들면서 물건을 가져갔어요. 그래서 어떤 용도였는지 알아낼 흔적이 거의 남아 있지 않아요. 안 공간은 바닥에서 높이가 겨우 75센티미터인 긴 복도 두 개로 연결되어 있어요. 들어갈수록 어두워지고 좁아져 끝까지 가기가 어려워요. 천장이 너무 낮아서 땅바닥을 기어야만 나아갈 수 있고요.

어떻게 만들었을까요?

먼저 원하는 깊이까지 땅을 파고 바닥을 단단하게 다진 다음 대들보 역할을 할 거대한 돌을 세운 뒤 파낸 흙으로 푸구 밖을 덮었어요. 돌은 멀리 떨어진 채석장*에서 가져왔어요. 돌을 어떻게 옮겼는지 정확히 알 수는 없어요. 하지만 둥근 통나무 여러 개를 묶어서 레일*을 만든 뒤 썰매처럼 이용해 운반했을 거라 추측해요. 정말 힘든 작업이었을 거예요!

나무를 묶어 썰매처럼
만들어 돌을 옮기는
사람들.

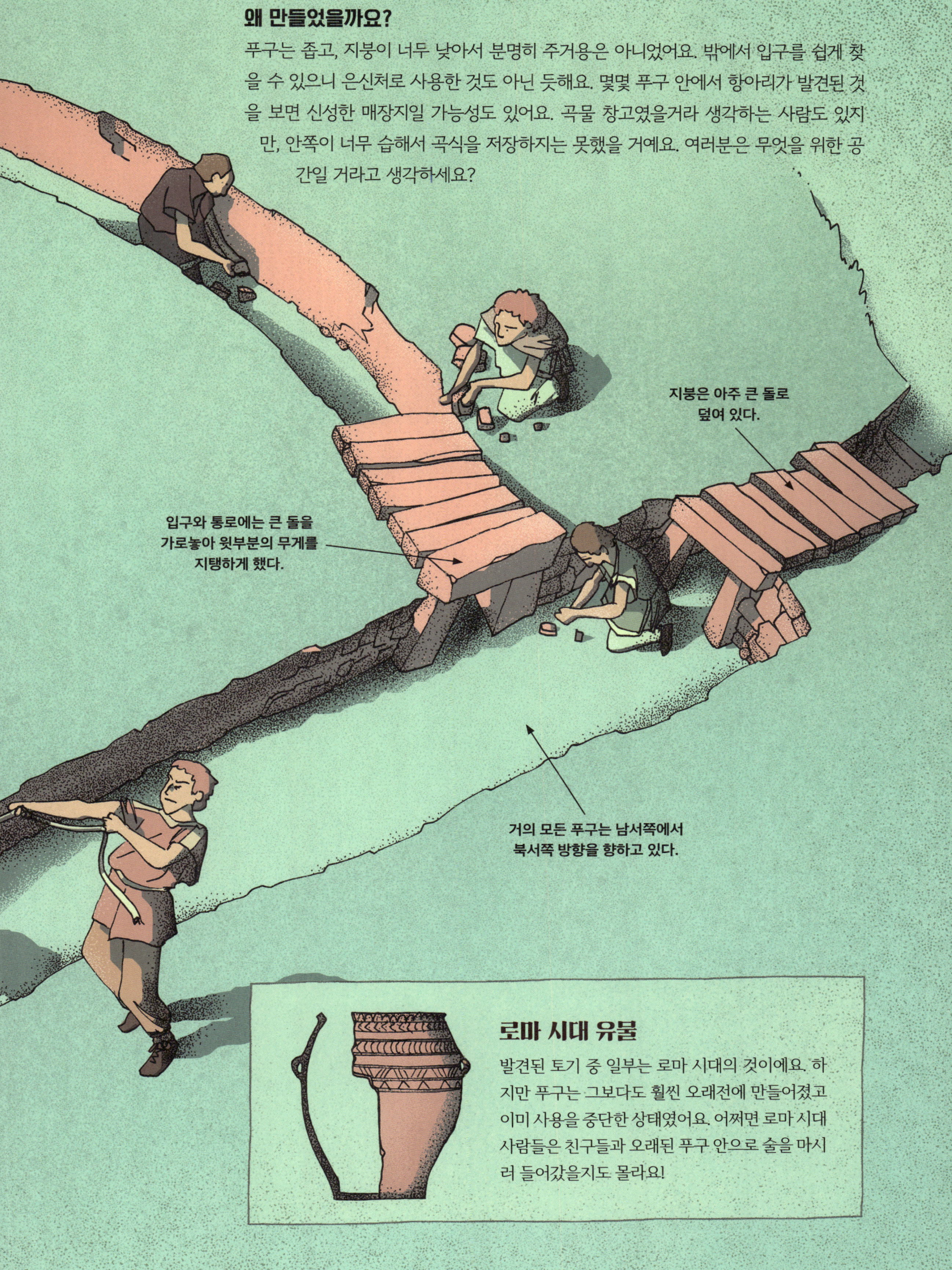

왜 만들었을까요?

푸구는 좁고, 지붕이 너무 낮아서 분명히 주거용은 아니었어요. 밖에서 입구를 쉽게 찾을 수 있으니 은신처로 사용한 것도 아닌 듯해요. 몇몇 푸구 안에서 항아리가 발견된 것을 보면 신성한 매장지일 가능성도 있어요. 곡물 창고였을거라 생각하는 사람도 있지만, 안쪽이 너무 습해서 곡식을 저장하지는 못했을 거예요. 여러분은 무엇을 위한 공간일 거라고 생각하세요?

지붕은 아주 큰 돌로 덮여 있다.

입구와 통로에는 큰 돌을 가로놓아 윗부분의 무게를 지탱하게 했다.

거의 모든 푸구는 남서쪽에서 북서쪽 방향을 향하고 있다.

로마 시대 유물

발견된 토기 중 일부는 로마 시대의 것이에요. 하지만 푸구는 그보다도 훨씬 오래전에 만들어졌고 이미 사용을 중단한 상태였어요. 어쩌면 로마 시대 사람들은 친구들과 오래된 푸구 안으로 술을 마시러 들어갔을지도 몰라요!

*용어 해설을 보세요.

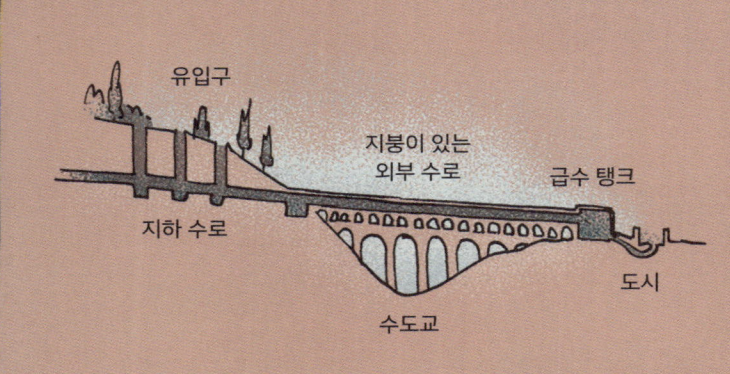

로마인들은 먼 곳까지 물을 공급하기 위해 수로를 만들었어요. 강을 건너야 할 때는 아치 모양의 돌로 된 큰 다리(수도교)를 세워서 그 위로 수로가 지나가게 했어요. 물이 먼지와 흙, 새의 배설물과 같은 불순물에 오염되거나 햇빛 때문에 증발하지 않도록 수로에 지붕을 만들고 자갈을 채웠어요. 아주 튼튼하게 만들었죠. 아직도 많은 수로가 계속 사용할 수 있을 만큼 잘 보존되어 있어요.

손으로 바위와 흙을 파내며 수로를 만들고 있다.

다음 구역으로 연결되는 시범 수로를 파고 있다.

가다라 수로
현재의 요르단, 1-2세기

이 수로는 정말 경이로운 건축물이에요. 거의 2000년 전에 지어졌다는 것을 생각하면 더욱더 인상적이지요. 로마 제국은 인도와 중국으로 가는 길 중간에 있는 가다라 지역을 차지하려고 했어요. 그런데 이 지역은 매우 건조해서 로마인들은 도시를 건설하기 위해 강물을 끌어와야 했어요. 수로를 170킬로미터나 만드는 엄청난 일이었는데, 그중 100킬로미터는 땅 밑으로 지나갔어요. 이 수로는 도시 열 곳에 물을 공급할 수 있었어요.

로마 사람들은 수로를 완성하기 위해 거의 한 세기 가까이 쉬지 않고 일했어요. 혼자 일하면 하루에 10센티미터 정도 만들 수 있었을 텐데, 그러면 완공하는 데 2,000년 이상 걸렸을 거예요.

목욕을 즐겼어요

로마 사람들은 물을 좋아했어요. 로마 제국에는 샘과 온천이 수백 개 있었어요. 오늘날 1인당 하루 물 소비량이 약 125리터인데, 당시 로마 사람들은 500리터를 사용했다고 해요.

그로마는 십자가 모양 네 귀퉁이와 가운데에 납으로 된 추를 매단 측량 기구이다. 수로 공사에서 수직을 확인하기 위해 쓰였다.

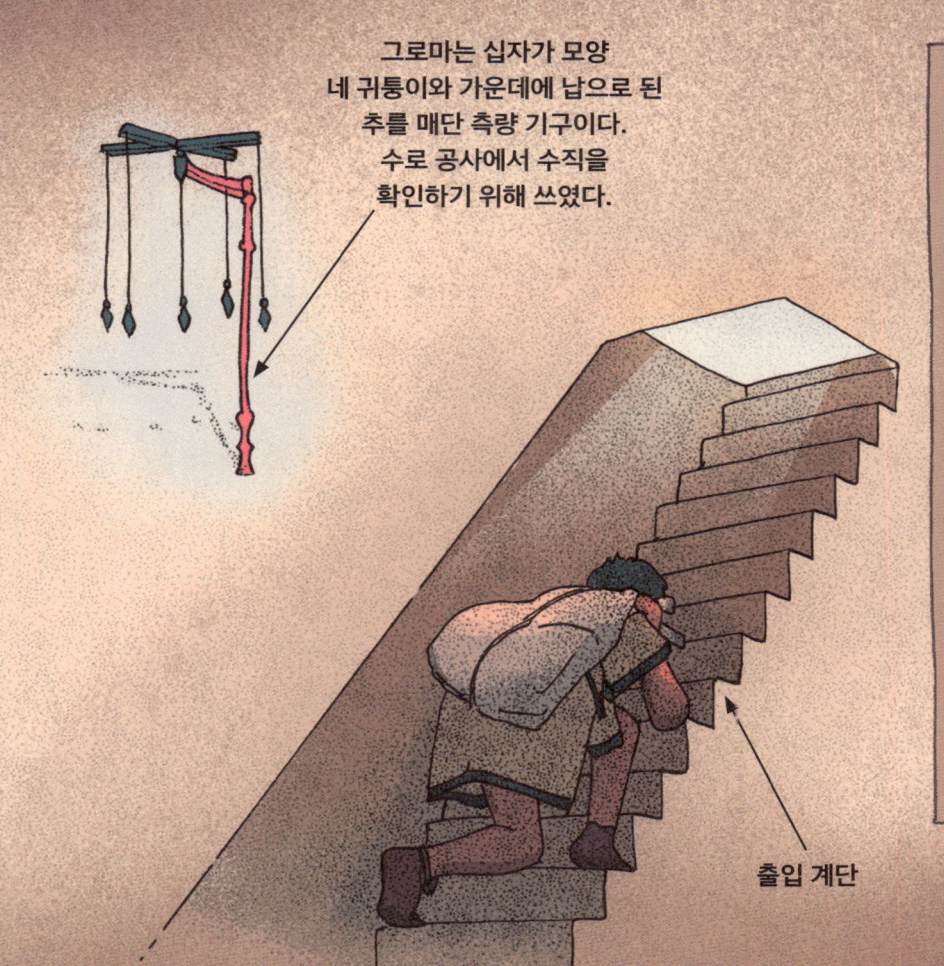

출입 계단

어떻게 만들었을까요?

고대 로마인들이 살던 때는 나침반이 없었어요. 지하에 수로를 건설하려면 산을 뚫고 들어가야 했는데, 이때 막대기와 추를 활용하는 독창적인 방안을 고안했습니다. 먼저 지상에서 땅 밑으로 계단을 만들었고, 무게 추가 달린 밧줄을 이용해 깊이가 적당한지 확인했습니다. 그런 다음 옆 구역으로 연결되는 작은 시범용 수로를 팠고, 계획한 크기에 이를 때까지 수로를 넓혀 갔어요. 충분한 크기가 되면 고대 로마식 콘크리트*를 뜻하는 '오푸스 카이멘티키움' 시멘트를 붙여 방수가 되도록 했어요.

'코로바테스'라는 도구로 경사도를 확인했다.

수로는 킬로미터당 30센티미터씩 높이가 낮아지는 아주 정확한 기울기로 지어졌다. 조금만 더 가팔라지면 물이 흐를 때 수로 벽이 침식되어 무너질 수도 있기 때문이었다. 물은 초당 700리터씩 흘렀던 것으로 추측된다.

*용어 해설을 보세요.

피라미드의 지하 터널
현재의 멕시코, 2세기

아메리카 대륙에서 아주 신비한 터널*이 우연히 발견되었어요. 멕시코 중부 지역에는 피라미드와 건축물로 가득 찬 테오티우아칸이라는 거대한 복합 도시가 있어요. 2003년 이 지역에 3일간이나 폭풍우가 휘몰아쳤습니다. 그 뒤 신전으로 사용되었던 피라미드 보존 담당 고고학자* 세르히오 고메스 차베스는 제물을 바치는 제단 근처에서 작은 구멍을 발견했어요. 구멍이 난 원인을 찾으려고 손전등을 갖고 밧줄을 타고 구멍 아래로 내려갔어요. 무려 14미터 정도를 내려가니 긴 터널이 나왔어요. 그동안 무거운 돌이 입구를 막고 있어서 발견되지 않았던 거예요. 정말 놀라운 발견 아닌가요? 기원후 2세기경에 건설되어 세르히오가 발견하기까지 1700년간 묻혀 있었을 것으로 추정해요. 세르히오와 고고학자들은 터널에 가득 찬 돌과 흙 수천 톤을 8년에 걸쳐 제거했어요. 귀중한 유산을 혹시라도 파손할까 봐 붓과 치과용 의료 기구만을 사용했대요. 복원을 마쳤을 때 터널의 길이가 103미터이고, 성채 안뜰 중앙에서부터 '깃털 달린 뱀'이라는 뜻의 케찰코아틀 피라미드 깊숙한 곳까지 이어진다는 사실이 밝혀졌어요.

인간이 신이 되는 곳
권력 부여 의식의 첫 순서를 이 신비한 터널에서 치렀을 것으로 추정해요. 신화에 따르면 이 도시에서 신이 인간을 만들고 권력을 부여했대요. 새로운 통치자는 왕위에 오르기 전에 지하 세계로 내려가 의식을 치른 뒤 마치 신이 된 듯이 왕관을 쓰고 밖으로 나왔어요. 테오티우아칸의 사전적 의미는 '인간이 신이 되는 곳'이에요.

5만 명 이상이 살았어요
테오티우아칸은 아메리카 대륙의 메소아메리카 문명권에서 인구가 가장 많은 도시였어요. 성채 중앙에는 도시의 모든 주민을 수용할 수 있을 만큼 큰 안뜰이 있었어요.

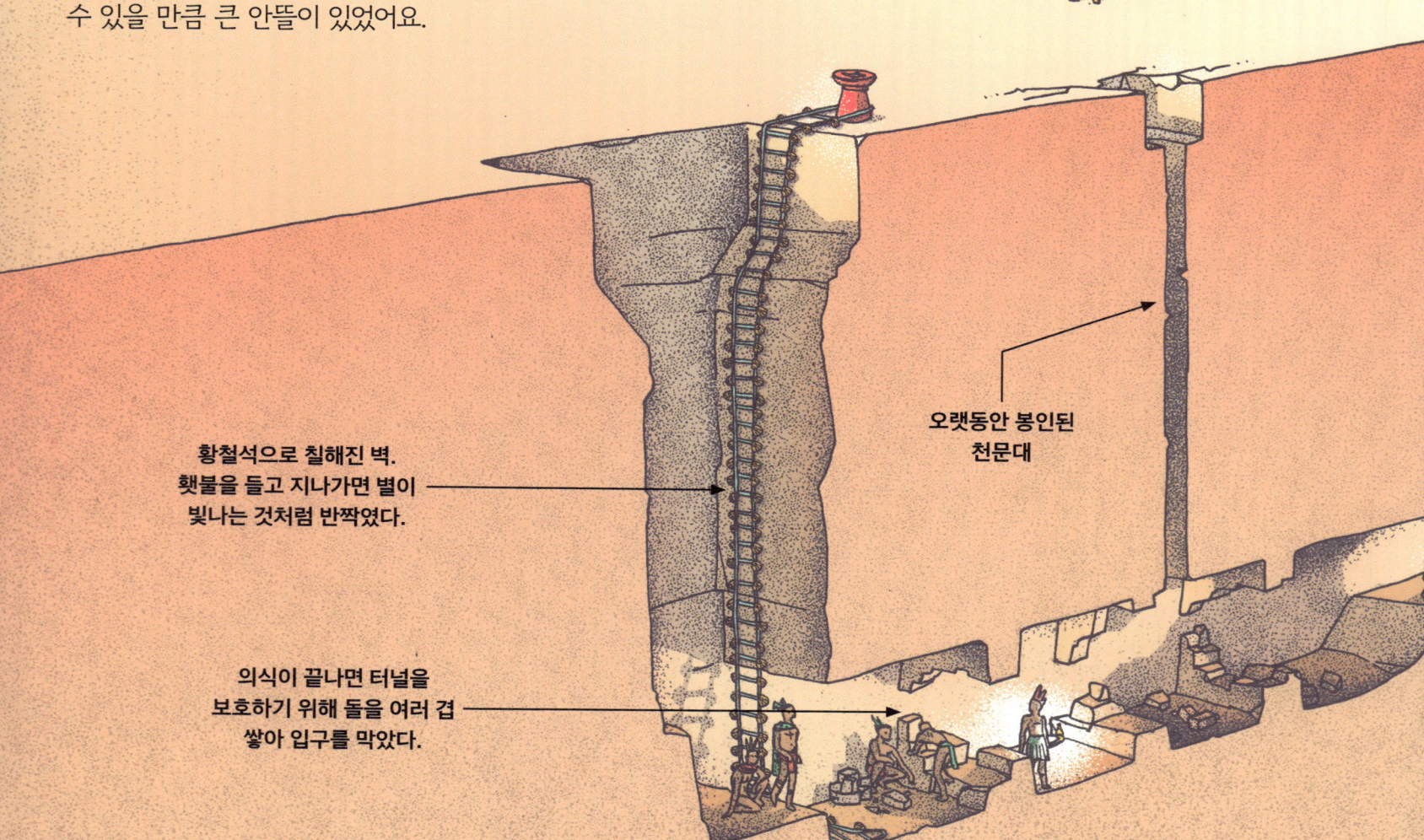

오랫동안 봉인된 천문대

황철석으로 칠해진 벽. 횃불을 들고 지나가면 별이 빛나는 것처럼 반짝였다.

의식이 끝나면 터널을 보호하기 위해 돌을 여러 겹 쌓아 입구를 막았다.

너무 나무를 많이 써서

피라미드를 건설할 당시 이 지역에서 번성하던 메소아메리카 문명은 아주 정밀하고 발전된 기술을 사용했어요. 이 지역은 지진이 자주 일어나는데, 건물이 오늘날까지 지진에 견디도록 설계된 것을 보면 알 수 있어요. 고대 멕시카족은 어도비 벽돌*, 돌덩이, 그리고 '테오티우아칸 시멘트'라는 접합력이 매우 강한 콘크리트를 사용했어요. 그러나 도시의 다른 건물을 지을 때는 요리와 난방에도 사용되는 자원인 목재를 사용했어요. 테오티우아칸 주민들이 나무를 너무 많이 써서 숲이 사라지는 지경이 되자 사람들도 도시를 떠날 수밖에 없었어요.

케찰코아틀 피라미드

황철석* 공이 있는 벽감*

당시 통치자의 의식에만 쓰였던 수은 흔적이 남아 있다.

터널보다 몇 미터 아래에 있는 물웅덩이

도시 건설자들의 방

터널 끝에는 도시를 세운 이들을 상징하는 남성과 여성 조각들로 장식된 방이 있습니다. 여성 조각은 남성의 것보다 컸어요. 이 문명에서는 여성의 사회적 지위가 남성보다 높았기 때문에 더 크게 만들었다고 해요.

*용어 해설을 보세요.

도버성 아래 터널들
영국 도버, 12세기부터 1940년대까지

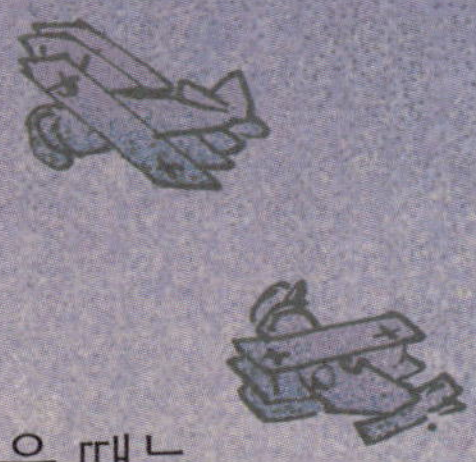

도버성은 적의 침입을 막기 위해 언덕에 지은 거대한 성이에요. 전쟁 때는 아주 유용했지만, 포위당했을 때는 문제였어요. 중세 시대에는 요새를 공격할 때 안에 있는 사람들이 먹을 물과 식량, 무기 등 보급품이 떨어지게 포위하는 것이 승리하는 방법이었어요. 밖으로 나갈 수 없으니 식량과 물이 없으면 항복할 수밖에요.

이 점을 극복하려고 묘안을 생각해 냈어요. 포위되더라도 비밀리에 사람들이 성을 드나들 수 있고, 또 몇 달만이라도 안에서 버틸 수 있도록 터널을 많이 만드는 것이었지요. 19세기 초 나폴레옹 전쟁 기간에 영국은 프랑스의 침략에 맞서 터널 망을 꽤 많이 확장하였습니다. 얼마나 많았는지 요즘도 새로운 터널이 발견될 정도예요.

이 요새는 그후 점차 사용이 줄어 한동안 쓰지 않았어요. 그러다 1940년 어느 날 영국 총리 처칠이 이 지역을 방문했을 때, 적인 독일(독일 나치) 선박이 해안선을 따라 자유롭게 항해하는 것을 보았어요. 처칠은 영국군을 보호하고 적의 눈에 띄지 않게 해안을 경계하기 위해 도버성의 터널 망을 확장하고, 금속판과 철제 대들보로 무장한 거대한 대피소를 건설하기로 했어요. 핵전쟁이 일어나 지상에서 생활이 불가능해질 경우를 대비해 정부 청사로 이용할 수 있을 만큼 개조했지요. 이 대피소에는 병원도 있었습니다.

베를린 장벽이 무너지면서 핵 공격 위협이 사라졌어요. 그때부터 이 터널은 사용하지 않게 되었어요. 일부는 공개해서, 바위에 새겨진 그림과 메시지, 그리고 군인들이 떠나기 전까지 사용했던 개인 물품들을 볼 수 있어요.

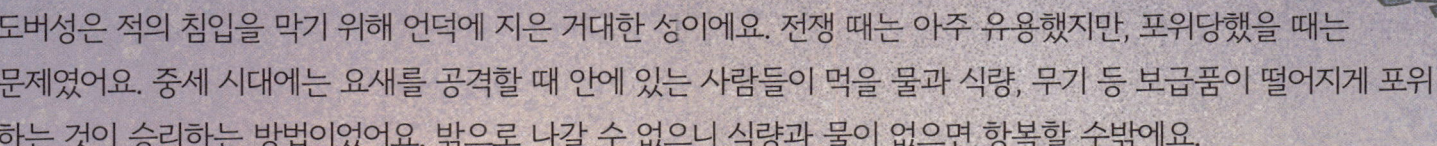

터널을 저장고로 사용하던 때의 석탄 찌꺼기들

바다를 향한 일부 터널 입구에는 대공 기관총을 갖추고, 발코니처럼 보이도록 꾸몄다.

마실 물을 길었던 우물

오래된 터널 한 곳에 이런 글이 새겨져 있었습니다.
"우리는 돈, 테드, 빌, 잭, 프레드, 딕, 노비입니다. 혹 당신이 우리를 다시 볼 수 없게 되더라도, 우리가 함께 했던 날들을 기억해 주길 바랍니다."

*용어 해설을 보세요.

헤갈레이라 미로
포르투갈 신트라, 1902~1912

신비한 문양과 첨탑*으로 장식된 거대한 회색빛 저택이 깊은 산속 울창한 참나무와 소나무로 둘러싸여 있어요. 방문객이 헤갈레이라 별장을 올려다보면 숲으로만 보여요. 그러나 진짜 신비는 산 안쪽에 있는 터널과 깊고 깊은 정원에 있어요. 20세기 초 포르투갈계 브라질 사람인 백만장자 카르발류 몬테이루는 자신의 삶과 철학을 반영한 궁전을 신트라에 짓기 위해 한 건축가와 계약을 해요. 카르발류는 프리메이슨 회원이었어요. 이 단체는 비밀을 엄격히 지켰고, 신비한 의식을 치러야 했기 때문에 비밀리에 모일 특별한 장소가 필요했어요. 이해하기 어려운 기호로 가득 차 있는 이곳은 호기심 많은 사람 눈에조차 잘 띄지 않아요. 아직도 이 별장의 곳곳이 무엇을 위해 사용되었는지 잘 알지 못할 만큼 여전히 비밀스러워요. 여러분은 알아볼 용기가 있나요?

입회 의식을 위한 우물

숲속 울창한 나무 사이에는 어둠에서 빛으로의 전환을 상징하는 나선형 계단이 있는 우물이 있어요. 입구에는 라이언피쉬 모양의 수호자 조각 두 개가 지키고 있어요. 숲에서 흘러온 물은 계단을 따라 미끄러지듯 내려와 원 아홉 바퀴를 그리며 지하 9층 바닥으로 내려가요. 원 아홉 개를 지나는 것은 지옥으로 내려간다는 뜻이에요. 우물 끝에는 정원과 궁전의 모든 지점과 연결된 터널로 이어지는 비밀 입구가 있습니다. 박쥐 조심하세요!

폭포 출구 방향으로 연결된 터널

프리메이슨 상징

이 저택에는 영원한 젊음과 무한한 부를 가져다준다는 '철학자의 돌'을 만들려고 했던 연금술 실험실이 있다.

폭포 뒤편 미로의 출구

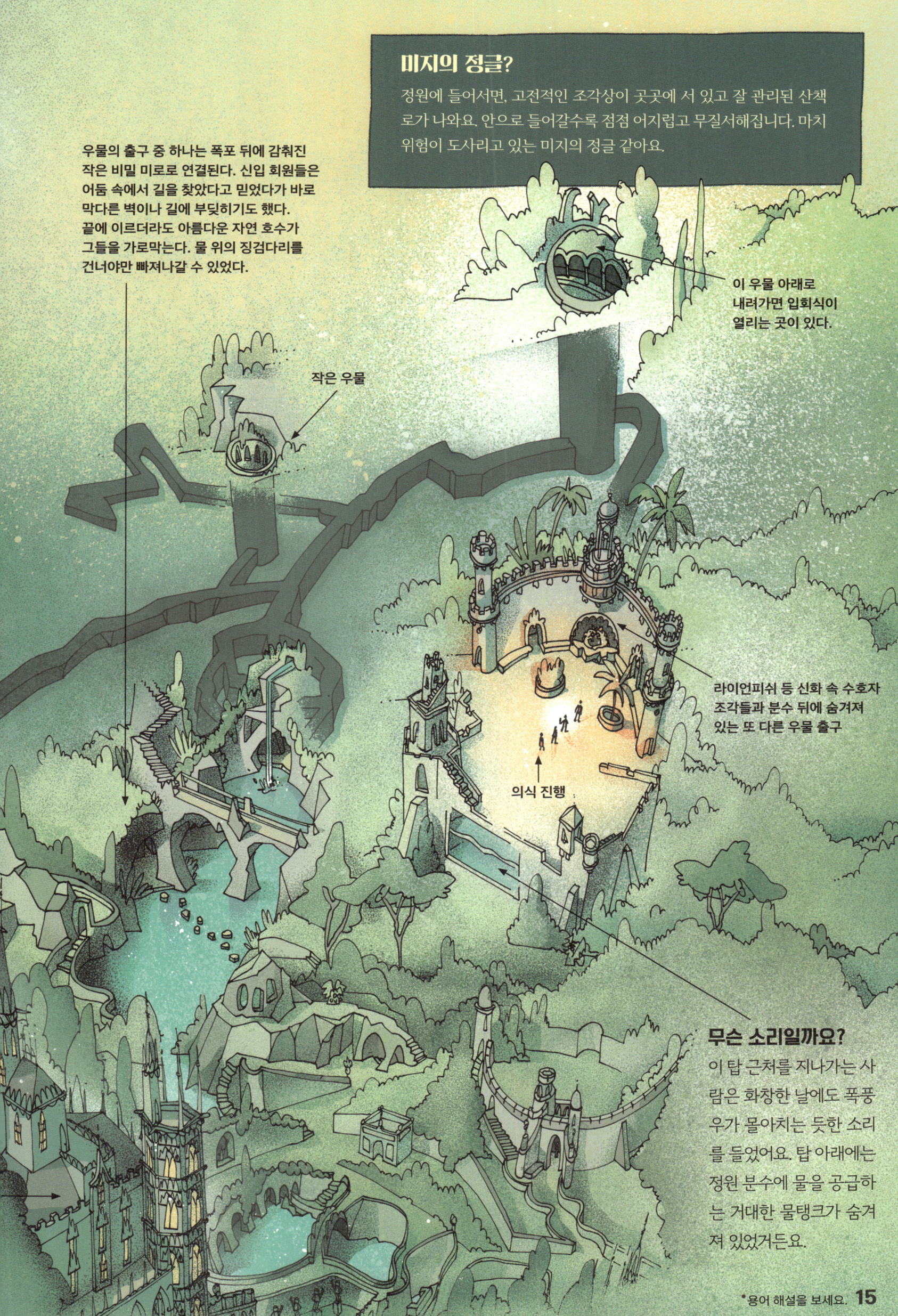

미지의 정글?

정원에 들어서면, 고전적인 조각상이 곳곳에 서 있고 잘 관리된 산책로가 나와요. 안으로 들어갈수록 점점 어지럽고 무질서해집니다. 마치 위험이 도사리고 있는 미지의 정글 같아요.

우물의 출구 중 하나는 폭포 뒤에 감춰진 작은 비밀 미로로 연결된다. 신입 회원들은 어둠 속에서 길을 찾았다고 믿었다가 바로 막다른 벽이나 길에 부딪히기도 했다. 끝에 이르더라도 아름다운 자연 호수가 그들을 가로막는다. 물 위의 징검다리를 건너야만 빠져나갈 수 있었다.

이 우물 아래로 내려가면 입회식이 열리는 곳이 있다.

작은 우물

라이언피쉬 등 신화 속 수호자 조각들과 분수 뒤에 숨겨져 있는 또 다른 우물 출구

의식 진행

무슨 소리일까요?

이 탑 근처를 지나가는 사람은 화창한 날에도 폭풍우가 몰아치는 듯한 소리를 들었어요. 탑 아래에는 정원 분수에 물을 공급하는 거대한 물탱크가 숨겨져 있었거든요.

*용어 해설을 보세요.

1937년 첫 다이너마이트 폭파 때의 모습

허드슨강

오래된 우물

수로 수리는 복잡해요

2013년에는 기존 수로를 수리하는 동안 대신 사용할 수로 여러 개를 만들기로 했어요. 사용하던 수로는 일부 구간을 폐쇄하고 말린 뒤 갈라진 곳을 수리하여 다시 열기로 했지요. 아직도 진행 중일 만큼 복잡한 작업이라고 해요.

예측 못 한 결과

상하수도를 건축하기 위해 댐과 저수지를 만들자 이 때문에 강의 원래 물길이 바뀌었습니다. 토양이 깎여 나가고, 엄청난 홍수가 일어났어요. 이러한 작업은 환경에 어떤 영향을 미칠지 예측이 어렵기 때문에 오늘날 여전히 큰 논란이 되고 있어요.

부서진 수로

델라웨어 수로 미국 델라웨어, 1937~1944, 1945~1953

17세기 현재의 뉴욕에 자리 잡은 초기 정착민들은 우물을 사용했어요. 얼마 지나지 않아 물이 오염되었고, 바닥난 곳도 있었어요. 지하수가 충분하지 않은데 어떻게 깨끗한 물을 얻을 수 있었을까요? 답은 강과 호수에 있었습니다. 뉴욕시는 18세기부터 자연 및 인공 저수지에 물을 모으기 위해 수로를 건설했어요. 20세기 뉴욕은 미국에서 가장 많은 사람이 사는 도시로 성장했습니다. 도시가 커지자 뉴욕 모든 시민이 물 부족을 겪을 정도로 문제가 심각해졌어요. 아주 큰 수로가 필요했어요. 1937년 뉴욕에서 170킬로미터 떨어진 강에서 물을 끌어오기 위해 거대한 델라웨어 수로를 건설하기 시작했어요. 이 터널은 490만 톤의 물을 옮길 수 있었지만, 뉴욕시 하루 필요량의 절반밖에 안 되었어요. 제2차 세계 대전 중에 건설이 진행되었기 때문에 적은 돈으로 빨리 건설해야 했고, 효과는 커야 했어요. 사용할 수 있는 자재도 많지 않았어요. 그래서 선택한 방법이 발파였어요. 단단한 바위를 다이너마이트로 폭파한 후 아치 형태의 수로를 만들고 그 벽면에 콘크리트를 바르고 굳혀 무너지지 않도록 보강하였어요. 간단한 방법이었지만 수로가 워낙 길어 1965년까지 확장 공사가 계속되었습니다.

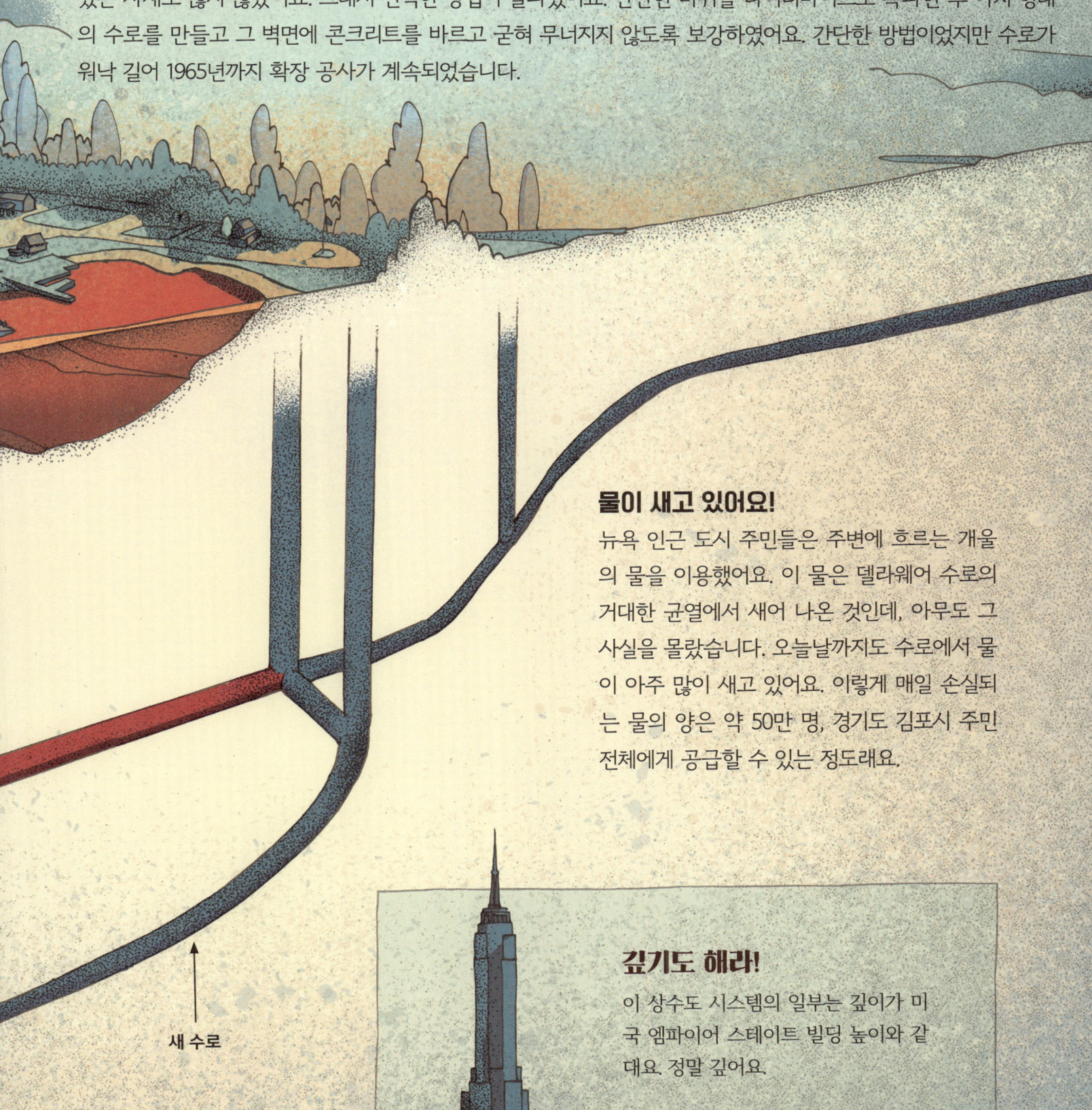

새 수로

물이 새고 있어요!
뉴욕 인근 도시 주민들은 주변에 흐르는 개울의 물을 이용했어요. 이 물은 델라웨어 수로의 거대한 균열에서 새어 나온 것인데, 아무도 그 사실을 몰랐습니다. 오늘날까지도 수로에서 물이 아주 많이 새고 있어요. 이렇게 매일 손실되는 물의 양은 약 50만 명, 경기도 김포시 주민 전체에게 공급할 수 있는 정도래요.

깊기도 해라!
이 상수도 시스템의 일부는 깊이가 미국 엠파이어 스테이트 빌딩 높이와 같대요. 정말 깊어요.

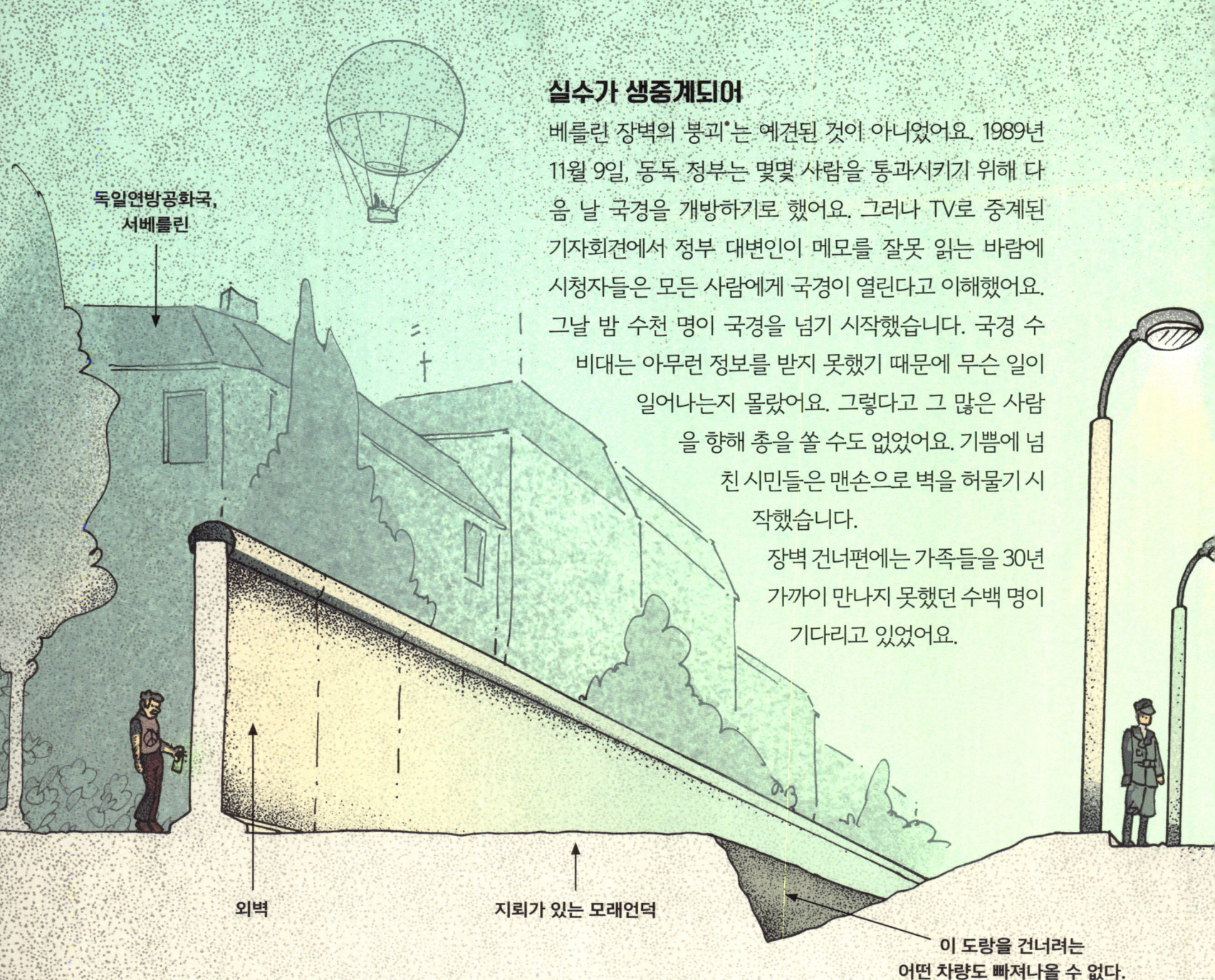

실수가 생중계되어

베를린 장벽의 '붕괴'는 예견된 것이 아니었어요. 1989년 11월 9일, 동독 정부는 몇몇 사람을 통과시키기 위해 다음 날 국경을 개방하기로 했어요. 그러나 TV로 중계된 기자회견에서 정부 대변인이 메모를 잘못 읽는 바람에 시청자들은 모든 사람에게 국경이 열린다고 이해했어요. 그날 밤 수천 명이 국경을 넘기 시작했습니다. 국경 수비대는 아무런 정보를 받지 못했기 때문에 무슨 일이 일어나는지 몰랐어요. 그렇다고 그 많은 사람을 향해 총을 쏠 수도 없었어요. 기쁨에 넘친 시민들은 맨손으로 벽을 허물기 시작했습니다.

장벽 건너편에는 가족들을 30년 가까이 만나지 못했던 수백 명이 기다리고 있었어요.

독일연방공화국, 서베를린

외벽

지뢰가 있는 모래언덕

이 도랑을 건너려는 어떤 차량도 빠져나올 수 없다.

베를린 장벽 아래 터널들
독일 베를린, 1961~1989

베를린은 30년 가까이 장벽으로 분리되어 있었습니다. 장벽은 넘어갈 수 없었어요. 높이가 3미터나 됐고 전기 감지 장치가 있었을뿐만 아니라 철조망, 밟으면 폭발하는 지뢰밭, 경찰견, 포탑, 무장한 병사들이 있는 거대한 지역, 이른바 '죽음의 띠'로 둘러싸여 있었어요.

왜 도시 한가운데에 이런 장벽을 설치했을까요? 제2차 세계 대전이 끝나고 독일은 둘로 나뉘었어요. 한쪽에는 자본주의를 따르는 독일연방공화국(서독)이 들어섰고, 다른 한쪽에는 소련의 동맹국이며 공산주의를 따르는 독일민주공화국(동독)이 들어섰어요. 이 두 나라는 정반대의 정책을 펼쳤어요. 수도 베를린도 동베를린과 서베를린으로 나뉘었습니다. 동독 안의 작은 섬이 되어 버린 서베를린은 양쪽 정부에게 골치 아픈 문제였어요. 베를린은 두 독일 분쟁의 중심지로 정보 탐색을 위한 스파이를 보내기도 어렵지 않았어요. 게다가 1949년부터 1961년 사이 250만 명 넘는 동독 사람이 서독으로 탈출했습니다. 이를 막으려고 동독 정부는 국경에 거대한 장벽을 건설하기로 했어요. 1961년 8월 13일 아침 베를린 시민들이 잠에서 깨니 장벽이 세워져 있었어요. 장벽의 길이는 155킬로미터에 달했어요. 밤새 세워진 장벽은 그 뒤로 계속 보강되었어요.

30년 가까이 도시가 고립되자 많은 사람이 그 거대한 감옥에서 탈출하려고 시도했어요. 수천 명이 장벽을 넘다가 체포되었고, 262명은 탈출하려다 사망한 것으로 추정합니다.
하지만 탈출에 성공한 사람들도 꽤 있어요. 동베를린 시민 5,000명 이상이 지하 터널, 이중 바닥이 있는 차량, 건물 사이를 연결하는 집라인 등과 같은 다양한 방법을 동원해 탈출했어요. 천 조각으로 만든 풍선도 있었어요!

- 조명등이 있는 감시탑
- 경비견
- 전차나 장갑차를 막기 위한 장애물
- 전기 철조망
- 움직임 감지기가 달린 기관총
- 독일민주공화국, 동베를린
- 동쪽의 첫 번째 장벽

57번 터널

동독 사람들은 터널 약 70개를 만들었습니다. 그중 일부는 감시탑 바로 아래를 통과했어요.
가장 유명한 터널은 57번 터널이에요. 이 터널을 통해 탈출한 사람의 수를 따서 57번이라고 이름 붙였어요. 입구는 빵집 지하실로 위장되어 있었습니다. 길이는 145미터이고 깊이는 12미터였어요.
동독 사람들은 밤에만 작업을 했어요. 가능하면 소리를 내지 않으려고 삽이나 망치, 손만 사용했지요. 또 어림잡아 파서 만든 것보다 전문 엔지니어*들이 설계한 것들이 많았어요. 어떤 구간은 너무 깊어서 지나가려면 도르래를 타고 내려가야 했지요.

*용어 해설을 보세요.

셀카 찍고 있는
관광객들

포기하지 않았어요

밍신과 친구들은 터널을 팔 마땅한 도구가 없었어요. 처음 3일 동안 겨우 1미터 파는 데 그치자 작업을 포기할까 생각도 했지요. 터널은 1977년에 완공되었어요. 같은 해 중국은 외국인 관광객에게 국경을 열었어요. 방문하는 외국인들 모두 세계에서 가장 위험한 도로 중 하나인 이 터널을 꼭 보고 싶어 했어요.

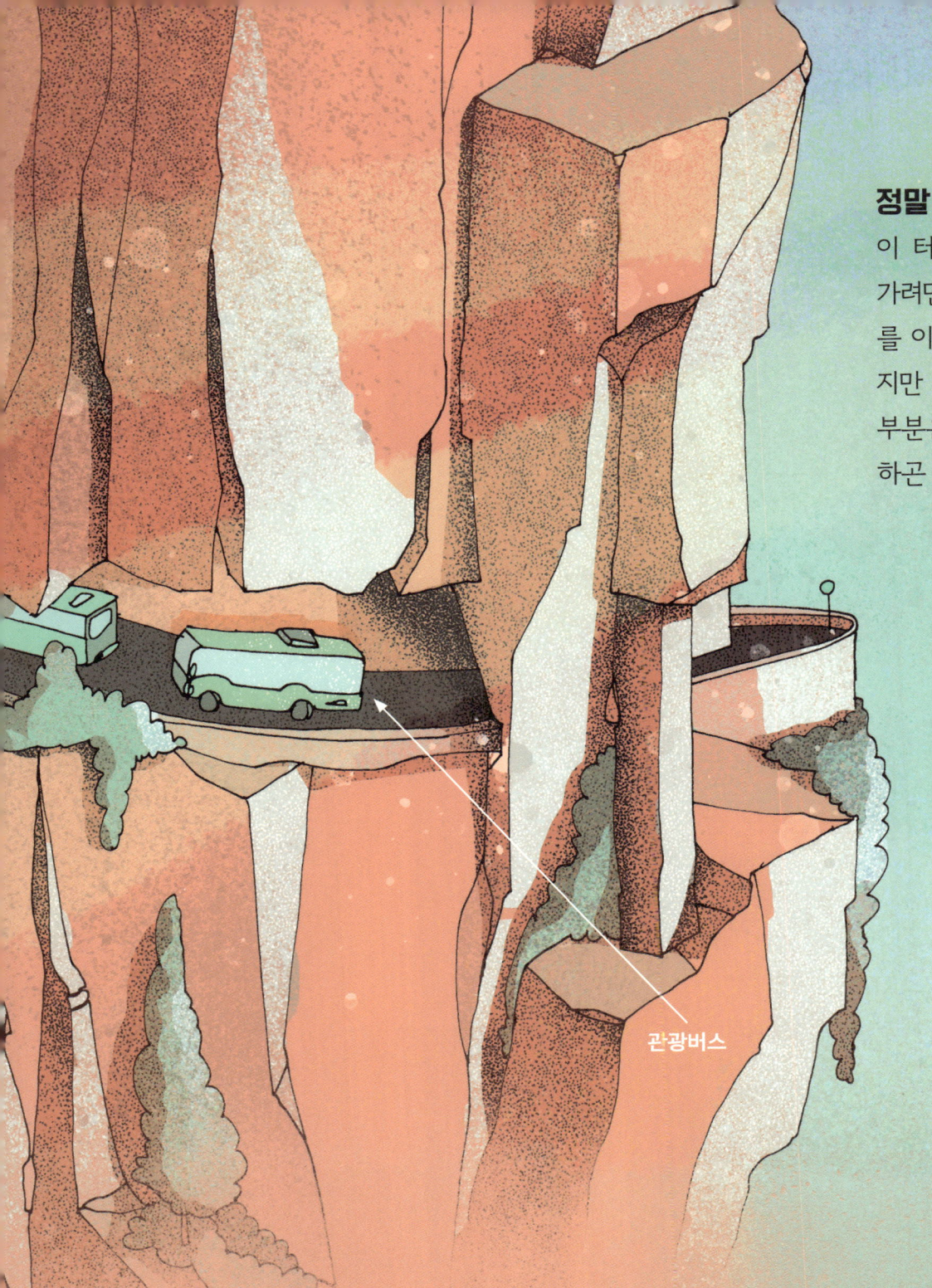

정말 위험해!
이 터널이 만들어지기 전 궈량으로 가려면 산 중턱에 있는 계단 720개를 이용하는 방법밖에 없었어요. 하지만 계단이 너무 위험해서 주민 대부분은 마을 밖으로 나가기를 포기하곤 했어요.

관광버스

궈량 터널 중국 궈량, 1972~1977

중국의 가장 외딴 지역, 접근하기 어려운 산꼭대기에 작은 마을 궈량이 있습니다. 전에는 그곳에 가려면 절벽 가장자리에 있는 위험한 계단을 지나야 했어요. 가장 가까운 학교는 산기슭에 있어 아이들은 매일 위험한 계단을 오르내려야 했습니다. 정말 배우고 싶어했거든요.

1972년 폭설이 내린 어느 날 열 살 소녀가 계단을 오르다 미끄러져 벼랑에서 떨어지고 말았어요. 이 소식을 전해 들은 마을 주민 선 밍신은 산의 돌을 깎아 도로를 내자고 친구들을 설득했습니다. 그들은 토목을 공부한 적도 없고 엔지니어도 아니었어요. 그러나 아주 초보적인 기술로 언덕의 자연스러운 경사면을 따라 조금씩 돌을 걷어 내고 터널을 뚫기 시작했어요. 어떤 부분은 천창이라고 하는 통풍구이자 채광창이 있지만, 일부 구간은 난간 없는 낭떠러지 길이에요. 지역 주민 12명이 인내심을 가지고 조금씩 조금씩 만들어 가더니 결국은 모두가 놀랄 만한 공사를 해냈어요.

길이 1.2킬로미터, 높이 5미터, 폭 4미터 터널을 불과 5년 만에 완성했어요. 오늘날 이 도로는 궈량과 중국의 다른 지역을 연결할 뿐만 아니라 관광객들이 이 도로를 보고 사진을 찍기 위해 먼 거리를 달려오기도 합니다. 직접 보지 않고서는 기술과 도구 거의 없이 몇 명이 이런 터널을 만들었다고 믿을 수 없으니까요!

연구를 계속할 예산이 없어서 2006년 모든 시설이 멈췄다.

가장 깊은 굴과 시추공
러시아, 콜라 반도, 1970~1992

쥘 베른의 소설 『지구 속 여행』 주인공들은 지연 터널을 통해 지구 깊은 곳으로 내려가요. 오늘날 우리는 지각의 온도와 조건 때문에 이 도전이 불가능함을 알고 있어요.

1970년 러시아인들이 비슷한 구상을 했어요. 지구 중심에 이르는 것이 아니라 지각구조와 구성을 조사하기 위해서였지요. 수직 터널을 파기 시작해서 1974년에 이미 12킬로미터를 뚫어 내려갔는데 5,000미터 지점에서 붕괴가 일어났습니다. 수년간의 작업이 말 그대로 무너진 거예요. 그들은 7,000미터에서 다시 시작하기로 했어요. 1983년에는 12,000미터까지 내려갔습니다. 정말 놀라운 일이었어요. 그 누구도 그렇게 깊이 들어간 적이 없었으니까요.

1992년 12,226미터까지 내려갔을 때 시추를 멈췄습니다. 온도가 너무 높았기 때문이었어요. 진흙이 부글부글 거품을 내며 끓어올랐고 드릴도 녹아 버렸어요. 정말 생각조차 싫어요.

중요한 발견

깊은 곳의 암석을 연구하려면 과거에는 화산에서 솟구쳐 나온 암석을 연구해야 했습니다. 그래서 이 터널을 통해 조금씩 깊이 들어갈 때마다 과학자들은 무엇을 발견할지 점점 더 크게 기대를 했어요. 실제로 매우 중요한 발견들이 많았어요. 예를 들어 플랑크톤 화석이 중심부의 주깊은 곳에서 발견되었어요.

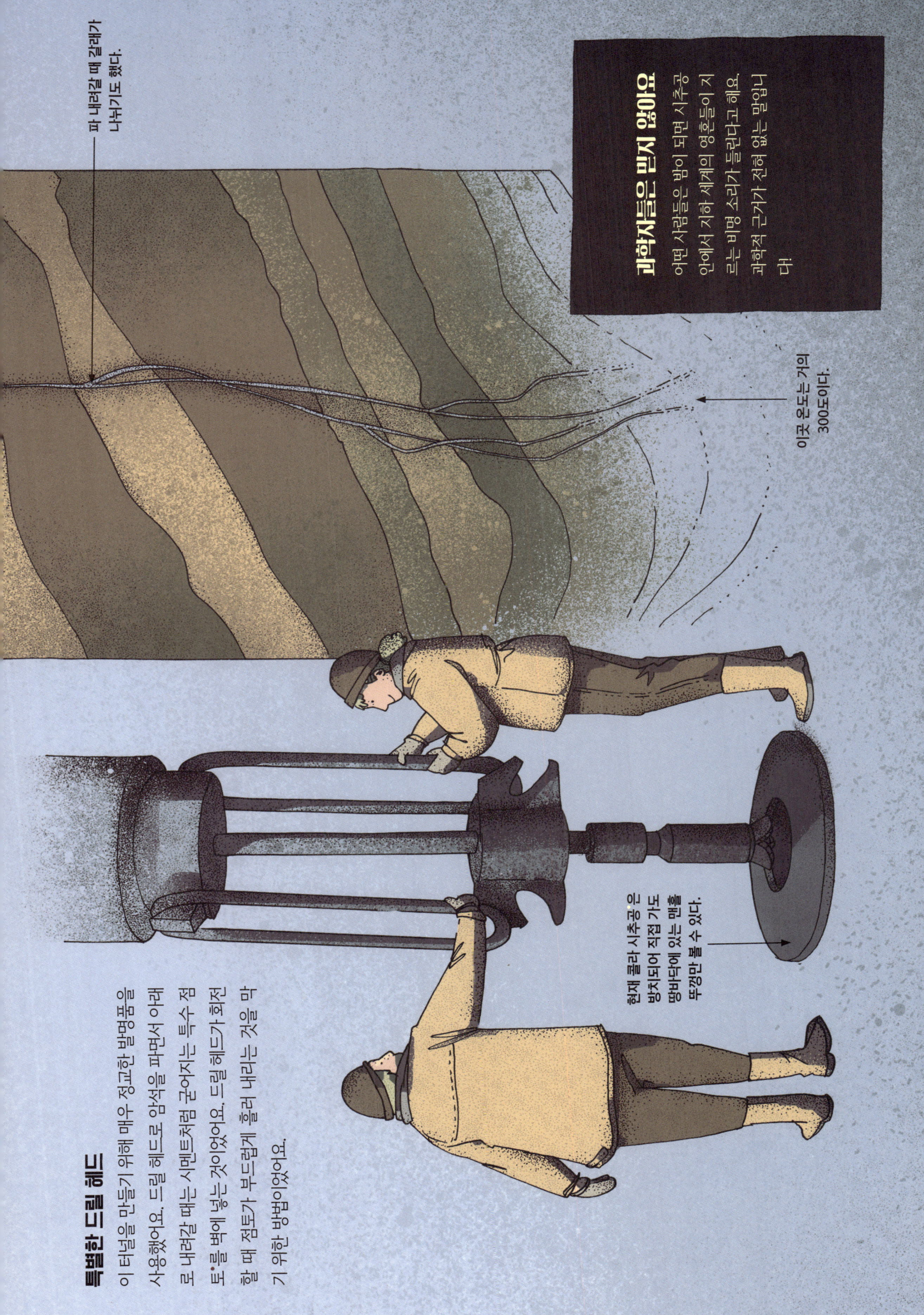

특별한 드릴 헤드

이 터널을 만들기 위해 매우 정교한 발명품을 사용했어요. 드릴 헤드로 암석을 파면서 아래로 내려갈 때는 시멘트처럼 굳어지는 특수 점토를 벽에 넣었어요. 드릴 헤드가 회전할 때 점토가 부드럽게 흘러 내리도록 막기 위한 방법이었어요.

과학자들은 믿지 않아요

어떤 사람들은 밤이 되면 시추공 안에서 지하 세계의 영혼들이 지르는 비명 소리가 들린다고 해요. 과학적 근거가 전혀 없는 말입니다.

파 내려갈 때 갈래가 나뉘기도 했다.

이곳 온도는 거의 300도이다.

현재 콜라 시추공은 방치되어 직접 가도 땅바닥에 있는 맨홀 뚜껑만 볼 수 있다.

*용어 해설을 보세요. 23

참 대담하기도 해라!

경찰이 찾은 터널은 사용하지 않는 오래된 터널이거나 예상하지 못한 곳에 있던 것들이었어요. 예를 들면 티후아나의 어느 가정집 침대 밑에서 시작해서 치킨집 지하로 연결된 경우가 있었어요. 가장 최근 발견된 터널은 방위군 사령부 코앞에 입구가 있었어요.

멕시코의 밀수 조직들은 소음을 감추려고 비행기가 뜨고 내리는 소리로 시끄러운 공항 근처에 터널을 지었어요. 이 터널을 통해 불법 제조 물품을 운송하기도 했고, 이민자들을 미국에 불법으로 보내기도 했어요. 멕시코로 현금을 몰래 들여오기도 했고요.

2016년부터 발견된 터널은 12개가 넘지만 사용 중인 터널이 수천 개 더 있을 것으로 추정해요.

특수경찰대

티후아나 범죄 터널
멕시코 바하칼리포르니아, 티후아나-미국 알타캘리포니아, 샌디에고

미국과 멕시코 국경에는 사람과 제품이 허가 없이 통과하는 것을 막기 위한 거대한 장벽이 있어요. 마약이나 총기류 등 위험 물품이 들어오는 것을 막으려는 조치예요. 그렇게 길지는 않지만 장벽을 돌아가려면 거대한 사막을 건너야 해요. 아주 광활하고 위험한 사막이라 도전하는 사람은 거의 없어요. 불법 제품을 다른 나라에서 들여오는 밀수업자들은 이 장벽을 피해 가기 위한 가장 간단한 방법으로 터널을 생각해 냈어요.

밀수로 수백만 달러의 이익을 얻는 이들은 조그맣고 허술한 터널 하나로 만족하지 못했어요. 터널 만드는 데 투자한 비용보다 사용해서 얻는 이득이 훨씬 컸으니까요.

지금까지 발견된 터널 중 가장 놀라운 것은 길이가 무려 1.5킬로미터 가까이 되고, 매우 정교하게 만들어졌어요. 조심스럽게 잘 위장된 입구를 통과해 엘리베이터로 약 21.3미터 깊이까지 내려가면 트럭용 조명, 배수구, 전화, 전기 레일까지 완벽하게 갖춘 높이 1.68미터, 폭 0.61미터의 터널과 연결됩니다. 에어컨까지 있어요!

2020년 경찰이 터널을 발견했을 때 다른 출구를 만들기 위해 작업 중인 구역이 또 있다는 것을 알아냈습니다. 밀수 조직은 터널 설계를 위해 전문 엔지니어를 고용하는 것으로 알려졌어요. 어느 터널은 조직의 두목을 감옥에서 탈출시키는 데도 사용되었어요. 두목이 갇힌 감옥 화장실까지 이어졌대요!

휴게실까지 있다!

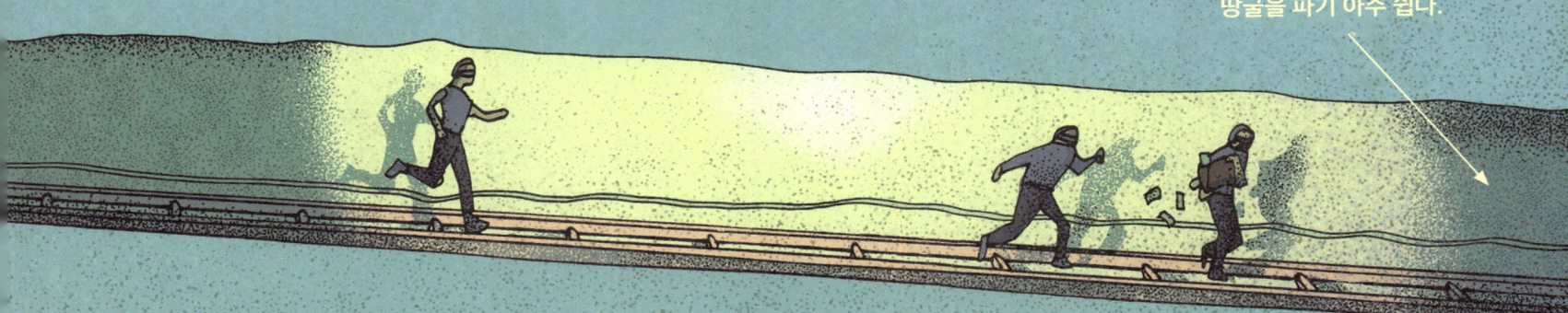

티후아나 토질은 점토질이어서 땅굴을 파기 아주 쉽다.

드림멘 나선형 터널

노르웨이 드럼멘, 1953~1961

드림멘시는 산으로 올라가는 도로가 필요했지만, 풍경을 해칠까 봐 걱정했어요. 그 지역에는 이미 아름다운 산을 훼손하는 도로가 많았거든요. 지역 주민들은 도로를 건설하기 위해 자연을 더 망가뜨리고 싶지 않았어요. 산에 길을 만들려면 지층에 따라 커브, 다리, 터널이 많이 필요하지만, 풍부한 상상력을 발휘해 해결책을 찾아서 무엇이었을까요? 바로 나선 모양으로 빙빙 돌면서 산속을 올라가는 터널이었습니다.

자동차는 산 안쪽을 통해 꼭대기에 이를 수 있고, 바깥에는 터널 입구와 출구만 있을 뿐 풍경을 해치는 것은 하나도 없어요.

조명이 바뀌요

이 터널은 기발한 LED 조명 시스템으로 밝기를 조절합니다. 하루의 시간에 따라, 따뜻한 오후의 빛, 해 질 녘 무렵의 빛을 내요. 북극 오로라까지도요.

해가 뜰 때의 빛 　 따뜻한 오후의 빛 　 해가 질 때의 빛 　 오로라

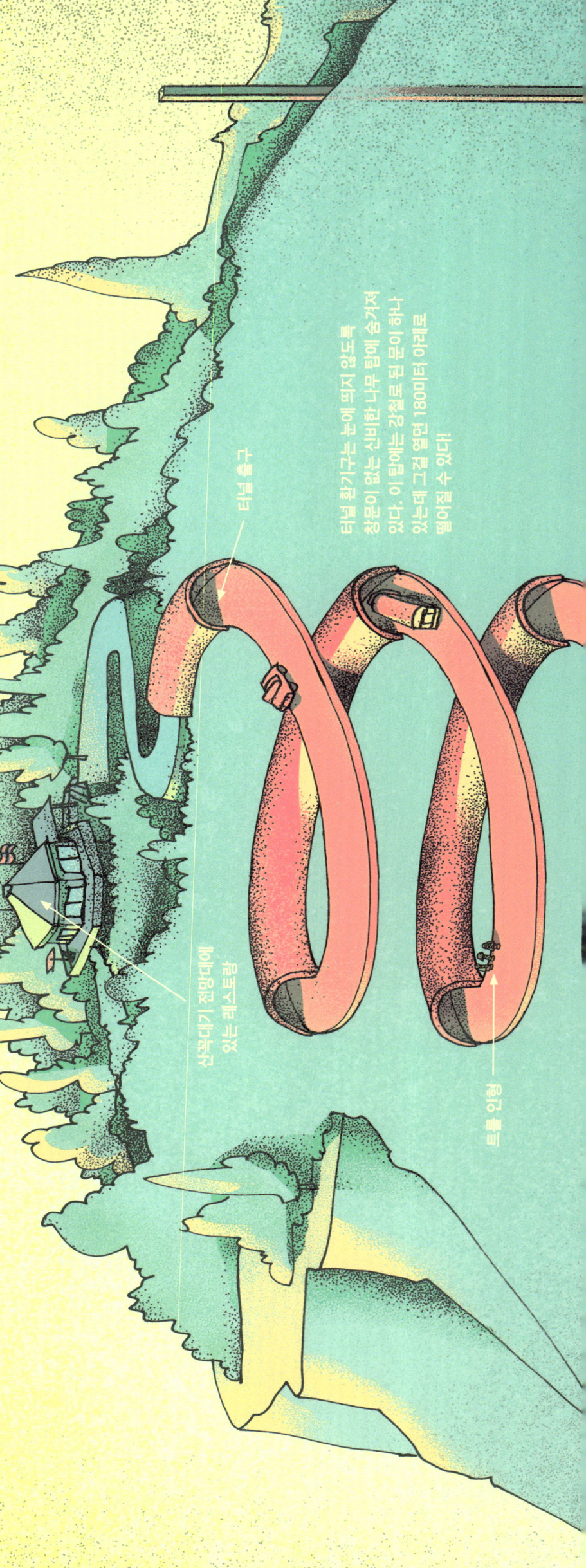

터널 환기구는 눈에 띄지 않도록 창문이 없는 신비한 나무 탑에 숨겨져 있다. 이 탑에는 강철로 된 문이 하나 있는데 그걸 열면 180미터 아래로 떨어질 수 있다!

터널 출구

산꼭대기 전망대에 있는 레스토랑

드릴 인형

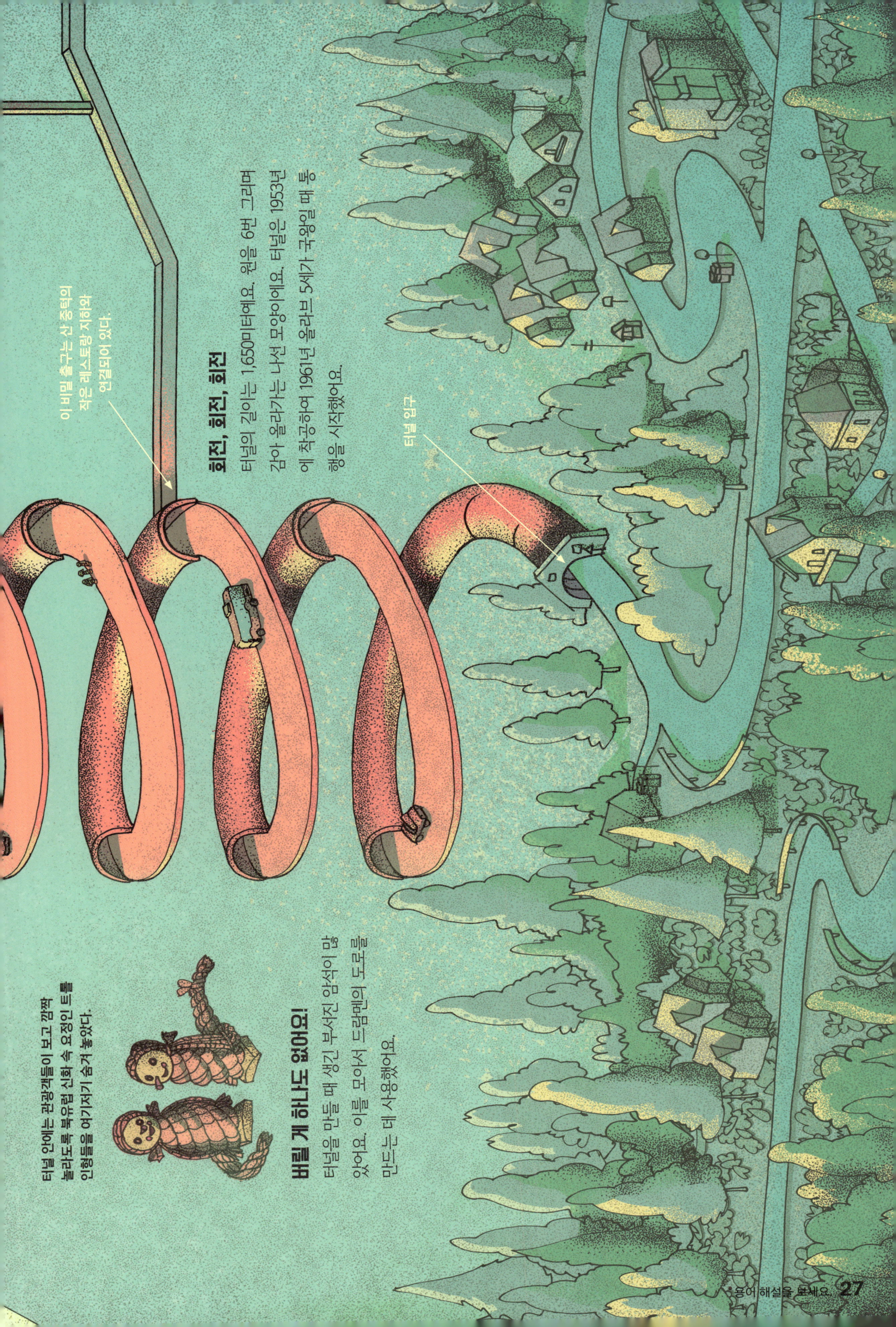

회전, 회전, 회전

터널의 길이는 1,650미터예요. 원을 6번 그리며 감아 올라가는 나선 모양이에요. 터널은 1953년에 착공하여 1961년 올라브 5세가 국왕일 때 통행을 시작했어요.

이 비밀 출구는 산중턱의 작은 레스토랑 지하와 연결되어 있다.

터널 입구

버릴 게 하나도 없어요!

터널을 만들 때 생긴 부서진 암석이 많았어요. 이를 모아서 드람멘의 도로를 만드는 데 사용했어요.

터널 안에는 관광객들이 보고 깜짝 놀라도록 북유럽 신화 속 요정인 트롤 인형들을 여기저기 숨겨 놓았다.

용어 해설을 보세요 **27**

파란색 원형 터널

태양계 전체에 거대 강입자 충돌기만큼 텅 빈 곳은 없습니다. 튜브 안에 기체 분자*가 하나라도 있으면 가속된 입자*와 충돌하여 어떤 실험도 할 수 없거든요. 충돌하는 입자 빛줄기 주변에는 서로 다른 검출기 7개가 놓여 있습니다. 이 검출기는 나중에 슈퍼컴퓨터로 분석할 데이터를 기록합니다. 거대 강입자 충돌기는 연간 약 20페타바이트의 데이터를 생성해요. 여러분의 삶 전체를 고화질로 동영상 촬영을 한다 해도 0.5페타바이트밖에 안 돼요. 얼마나 거대한지 상상이 가나요?

거대 강입자 충돌기는 세계에서 가장 큰 냉장고이기도 하다. 자석의 온도는 영하 271.3도이어야 한다. 이 온도를 유지하기 위해 수 톤의 액체 헬륨이 사용된다.

5월부터 12월 중순까지 유럽 핵입자 물리 연구소는 제네바시 인근에 공급되는 에너지의 약 3분의 1 정도 되는 에너지를 사용한다.

센서

거대 강입자 충돌기(LHC)
프랑스-스위스 국경, 1989~2001

강입자 충돌기는 최신 기술을 사용하여 입자를 빛의 속도에 가까울 만큼 빠르게 속도를 높이고 다른 유형의 입자와 충돌시켜 내부에 무엇이 있는지 확인해요. 우주의 기원을 이해하기 위한 장비예요. 너무 복잡한가요? 맞아요, 정말 복잡하고 어려워요.

문제는 입자의 속도를 필요한 만큼 높이려면 어마어마하게 크고 긴 원형 튜브가 필요하다는 것입니다. 유럽 핵입자 물리 연구소(CERN)는 지하 175미터에 둘레가 너무 커서 가까이에서 보면 거의 직선처럼 보이는 고리를 만드는 방법을 생각해 냈어요.

1976년에 7킬로미터 고리 형태의 초대형 가속기(SPS)가 만들어졌지만, 20년 동안 쓰다 보니 이것만으로는 안 되어서 새로운 가속기를 만들기로 했습니다. 바로 거대 강입자 충돌기(LHC)예요. 둘레만 27킬로미터에 이르고 지금까지 만들어진 기계 중 가장 커요. 그럼에도 유럽 핵입자 물리 연구소는 현재보다 10배 더 강력한 100킬로미터 길이의 고리를 건설하기 위해 노력하고 있습니다. 그렇게 되면 지금의 거대 강입자 충돌기는 장난감처럼 보이겠지요.

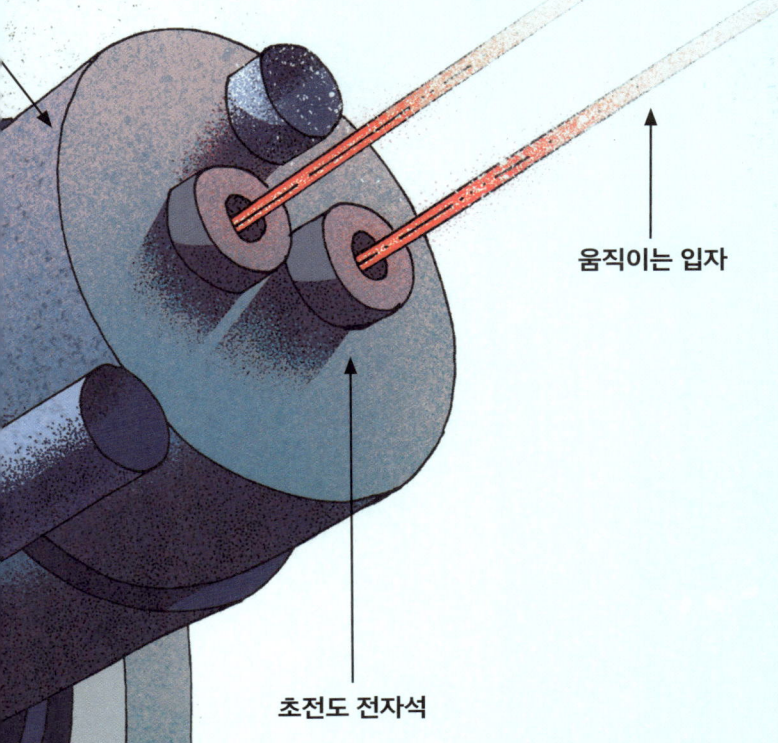

움직이는 입자

초전도 전자석

인터넷이 탄생했어요
과학자들은 전 세계 어디에서나 연구 데이터에 접근해야 해서 두 개 이상의 장치를 연결할 수 있는 시스템을 고안했어요. 그 덕분에 인터넷이 탄생했습니다.

종말이 온다고요?
거대 강입자 충돌기가 처음 작동했을 때 사람들은 이런 복잡한 기계라면 블랙홀을 생성하거나 지구를 완전히 파괴하거나, 시공간을 찢어 버릴 수 있다고 생각했어요. 그런 일은 전혀 일어나지 않았어요. 족제비가 터널에 들어갔다가 풀려난 일 말고는 거의 10년 동안 아무런 사고 없이 작동하고 있어요.

유럽 핵입자 물리 연구소의 거대 강입자 충돌기

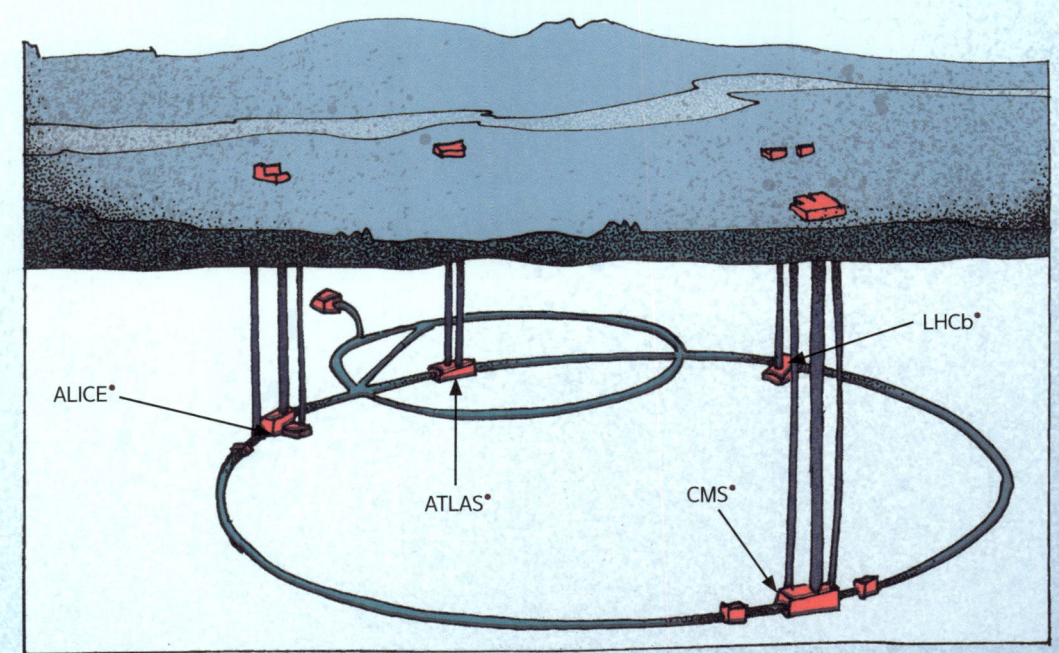

ALICE* ATLAS* CMS* LHCb*

손을 꼭 씻고 아무것도 만지지 마세요!

보관 중인 씨앗 샘플이 오염되지 않는 것이 아주 중요해요! 일단 상자에 보관한 뒤에는 누구도 내용물을 만질 수 없고, 담당 직원만이 옮길 수 있어요. 오염되는 것을 막기 위해 저장고에 출입할 수 있는 사람 수도 최소한으로 제한하고 있어요. 실제 대부분의 작업은 북유럽 유전자 자원 센터인 노르젠에서 원격으로 이루어집니다.

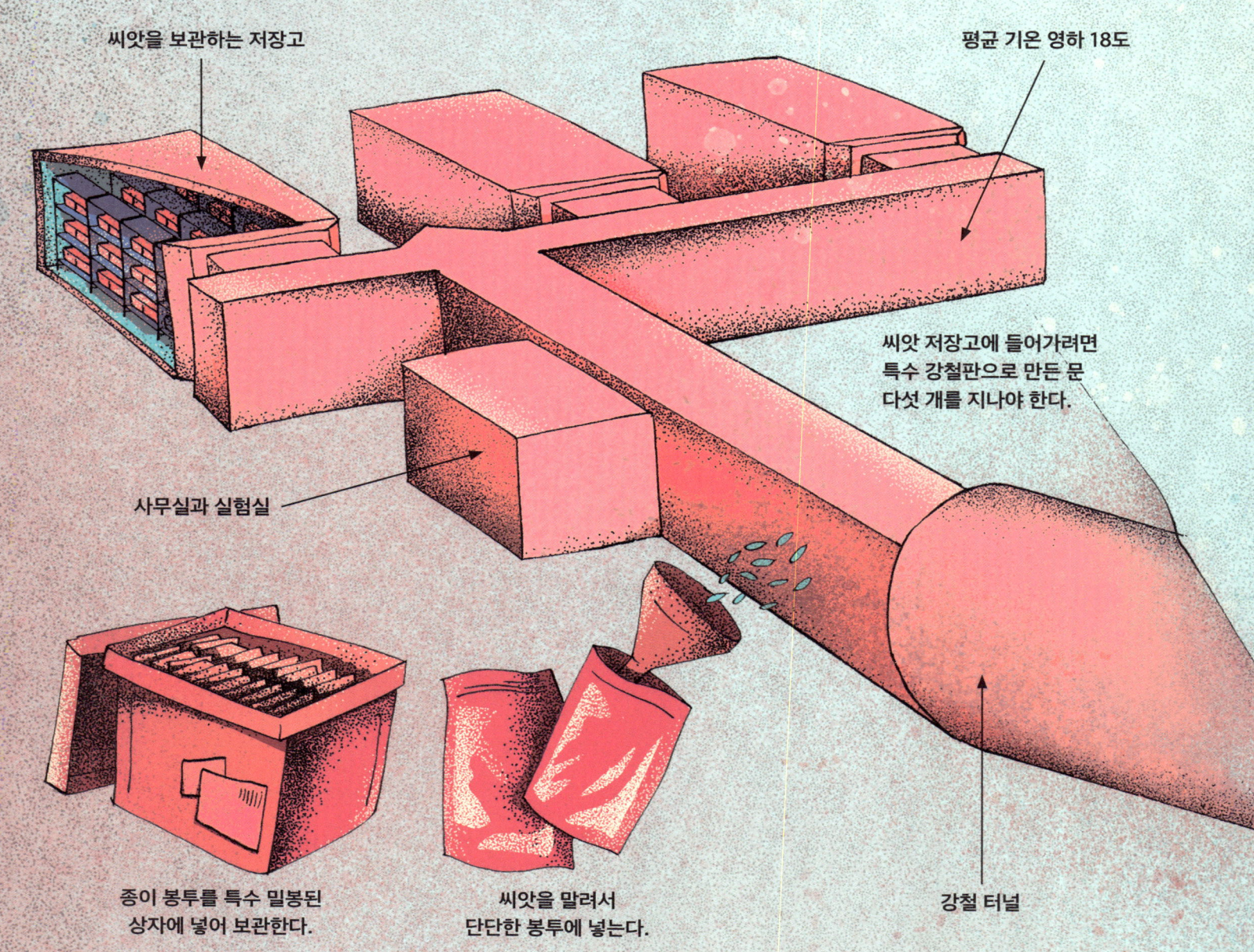

국제 씨앗 저장고 노르웨이 스발바르, 2006~2008

눈이 절대 녹을 것 같지 않을 만큼 추운, 세계에서 가장 외딴곳에 위치한 노르웨이 북부 북극해의 이 섬에는 만화 속 악당 소굴처럼 보이는 작지만 웅장한 건물이 있어요. 건물 밖에서 보면 스발바르의 얼어붙은 바위에서 튀어나온 듯 기이한 콘크리트 덩어리처럼 보여요. 하지만 정말 중요한 것은 그 안에 숨겨진 무언가예요.

그 건물에는 암석을 파내 만든 방 세 개가 있는데, 늘 영하 18도를 유지하고 있어요. 화산, 지진, 방사선, 폭탄을 비롯한 모든 종류의 재난 및 재해에 대비해 만들었어요.

왜 이런 특이한 건물을 지었을까요? 답은 간단합니다. 바로 씨앗이에요. 이곳은 지구상에 존재하는 씨앗을 저장하는 대표적인 씨앗 은행으로 농업 생물 다양성을 보호하기 위해 지어졌어요. 전쟁이나 대재앙이 일어나면 세계 각지의 농작물이 사라질 수 있기 때문이에요. 마치 컴퓨터의 백업본과 같은 역할이지요. 보관소에 들어온 씨앗은 재해가 생겨도 다시 번식할 수 있도록 잘 저장하고 보존합니다. 지금까지도 지구촌 곳곳에서 전쟁과 홍수가 일어났을 때 사라진 여러 종류의 식물을 복원하는 역할을 해 왔어요.

노르웨이 스발바르

스발바르의 국제 씨앗 저장고
내부 면적은 1,000제곱미터가 넘는다.

해발 130미터

이 저장고에는 현재 씨앗이 100만 개 이상 저장되어 있습니다. 전 세계적으로 약 700만 종의 식물이 있다고 알려져 있고, 그중 200만 종 이상이 희귀종이에요. 이 저장고에 보관해야 할 멸종 위기 씨앗이 아직 많이 남아 있다는 뜻이죠.
체로키 사람들은 신성하다고 믿는 옥수수 종자 체로키 화이트 이글을 스발바르에 보냈어요. 이로써 행운이 지속될 거라 안심하며 살게 되었대요.

콘크리트로 만든 하나뿐인 출입문

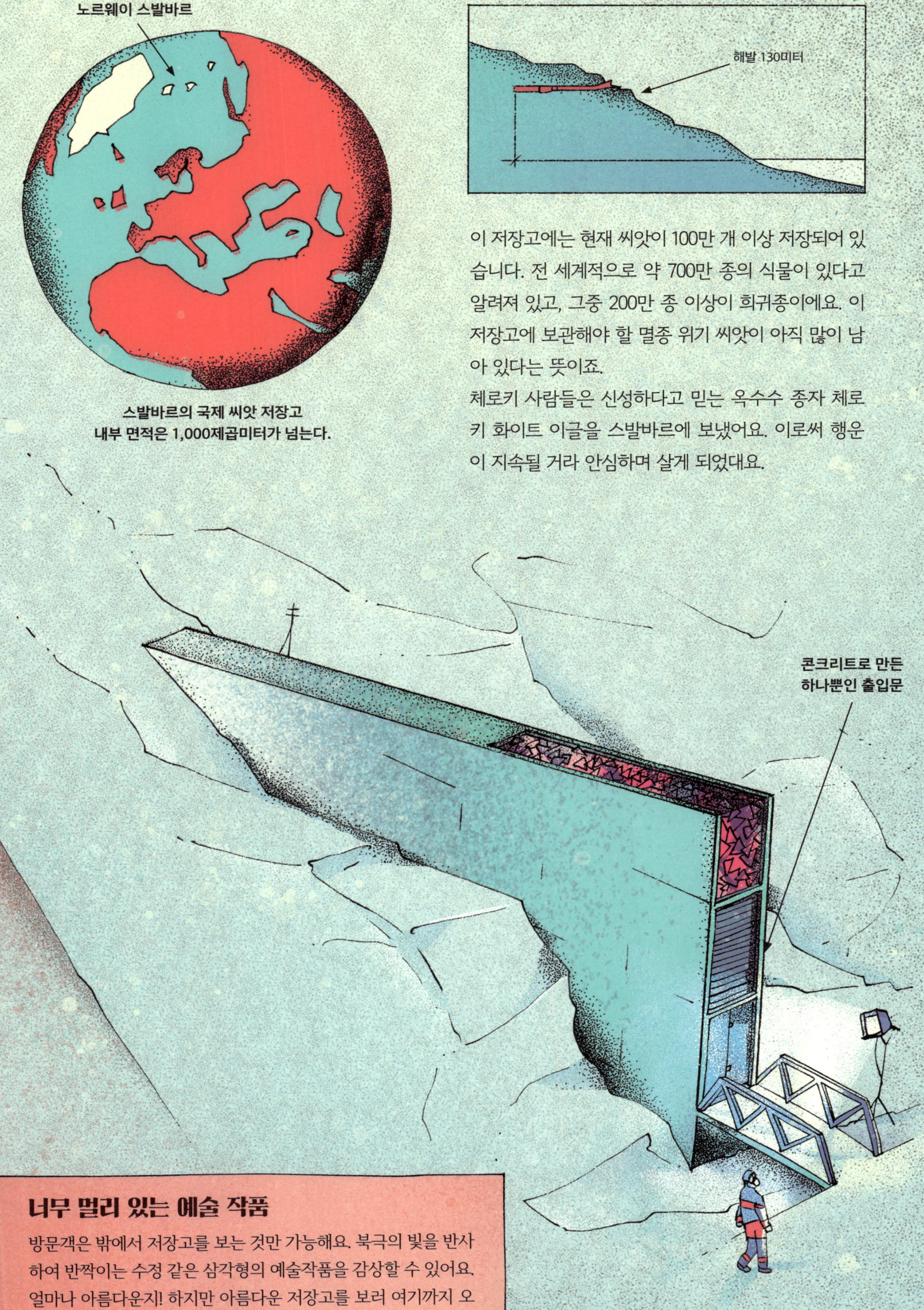

너무 멀리 있는 예술 작품

방문객은 밖에서 저장고를 보는 것만 가능해요. 북극의 빛을 반사하여 반짝이는 수정 같은 삼각형의 예술작품을 감상할 수 있어요. 얼마나 아름다운지! 하지만 아름다운 저장고를 보러 여기까지 오는 사람들은 거의 없답니다.

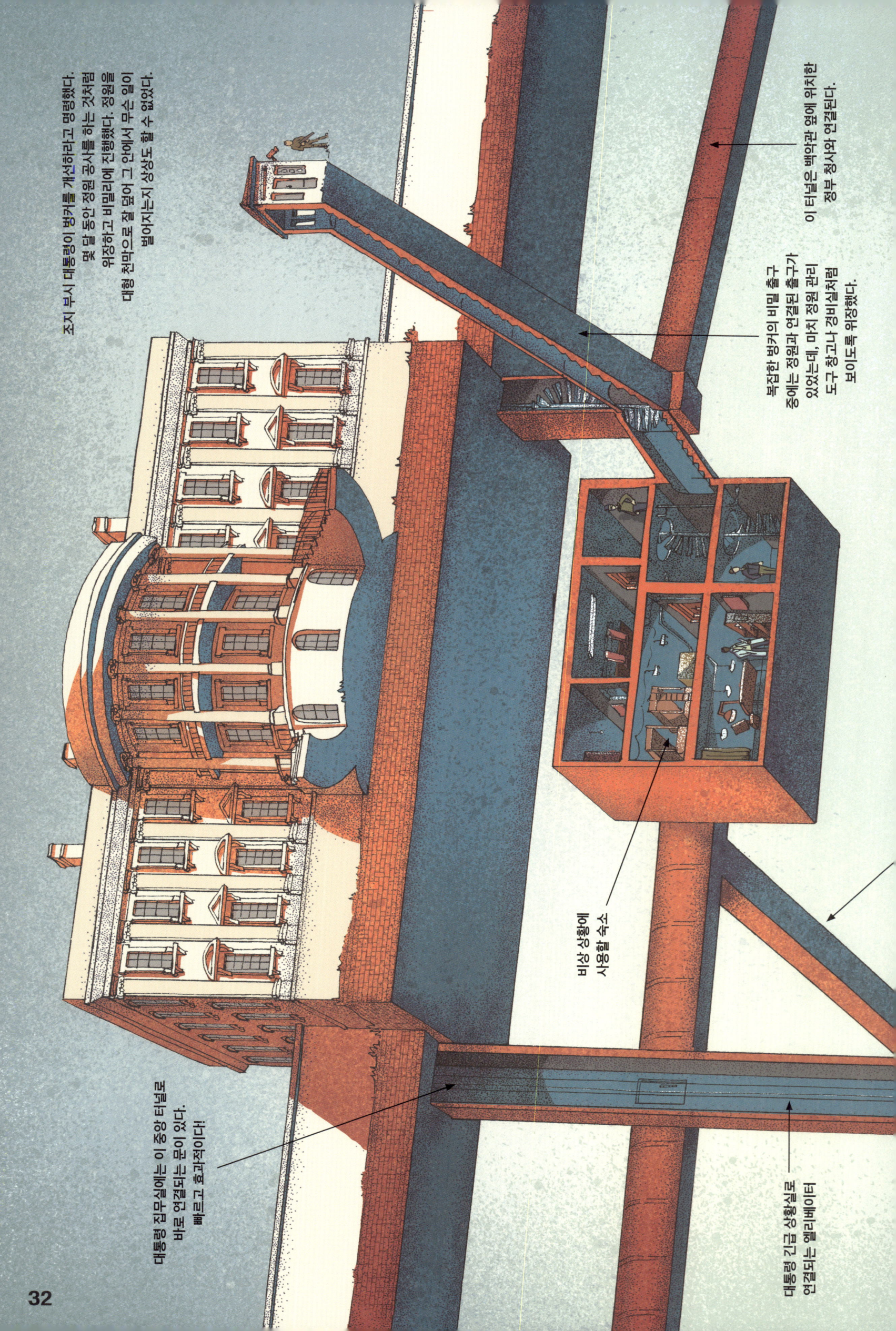

백악관 지하 벙커
미국 워싱턴 DC, 1941

백악관은 미국 대통령의 집이자 집무실이에요. 그곳에서 전 세계에 영향을 미치는 매우 중요한 결정이 내려집니다. 그러므로 공중 공격으로부터 대통령을 보호하는 것은 놀라운 일이 아니에요. 백악관은 1800년대에 지어졌어요. 전투기 공격을 시작하기 훨씬 전이 었어요. 제2차 세계 대전 중 진주만 폭격이 일어나자 루스벨트 대통령은 머리 위를 위해 가장 큰 위험이 있음을 깨닫게 되었습니다. 지상전에서는 미국을 위험할 적이 거의 없지만, 하늘에서 포탄을 떨어뜨린다면 어떻게 될까요? 그래서 백악관 바로 아래에 터널과 집무실을 만 들기로 했어요. 눈 깜짝 할 사이에 백악관을 안전히 비웠어요. 그런 다음 방거가 안성될 때까지 다른 곳에서 일했습니다. 이울러 더 현대적이고 자체를 활용하여 백악관 내부를 재건했어요.

방거는 눈에 띄지 않고 백악관 주변으로 다닐 수 있는 터널들로 연결되어 있습니다. 외부로 대피할 수 있는 비밀 출구로 연결되기도 해요. 또한 오랫동안 지하에서 살아남을 수 있도록 부억, 침실, 식료품 저장실을 갖추고 있어요. 물론 병원도 있지요. 벙커 내부에서 가장 중요한 곳은 대통령 긴급 상황실이에요. 이 곳만은 죄신 시설을 갖추고 있어 대통령이 다음에 일을 계속할 수 있어요. 워낙 깊이 있어서 해폭탄이 떨어지더라도 실 감하지 못할 정도이고, 그만큼 안전하기도 해요.

미국에서 가장 안전해요

9·11 테러 당시 부시 대통령이 피신했던 곳으로도 유명한 벙커의 허브입니다.

위성턴의 정부 기관을 연결하는 비밀 터널

이 긴 터널은 백악관에서 몇 블록 떨어진 건물로 이어진다. 밖에서 보면 평범한 건물처럼 보이지만 카메라와 경비원이 철저하게 감시하고 있다.

대통령 긴급 상황실은 적의 공격 중에도 외부와 통신이 가능하다.

채널 터널 안에는 무엇이 있을까요?

안에는 터널이 세 개 있어요. 첫 번째 터널은 영국행 열차가, 두 번째는 프랑스행 열차가 다녀요. 이 두 개의 터널 사이에 유지 보수와 비상 상황을 대비한 서비스 터널이 있어요. 375미터마다 교차 통로로 연결됩니다.

압력 릴리프 덕트

서비스 터널(STTS) 전용 열차
유지 보수 차량, 소방차, 구급차가 가운데 터널을 전속력으로 달립니다. 사실 이 차들은 20분 안에 유로 터널의 모든 지점에 다다를 수 있어요. 물론 비밀이 있어요. 그렇게나 빠른 속도로 안전하게 이동할 수 있도록 땅 밑에 자동 안내 시스템이 있습니다. 즉 자율 주행하는 것이죠.

작업용 통로

바닷속을 뚫는다는 꿈
채널 터널 건설은 엔지니어들에게는 큰 도전이었어요. 터널 굴착기*는 매점과 식당도 있을 만큼 컸어요. 작업자들에게 없어서는 안 될 공간이었죠.

영국과 프랑스는 12,000년 전 마지막 빙하기* 때부터 분리되었다. 이 해협을 해저 터널로 연결하는 것은 많은 이들의 꿈이었다.

영국   프랑스

굴착기가 만난 지점

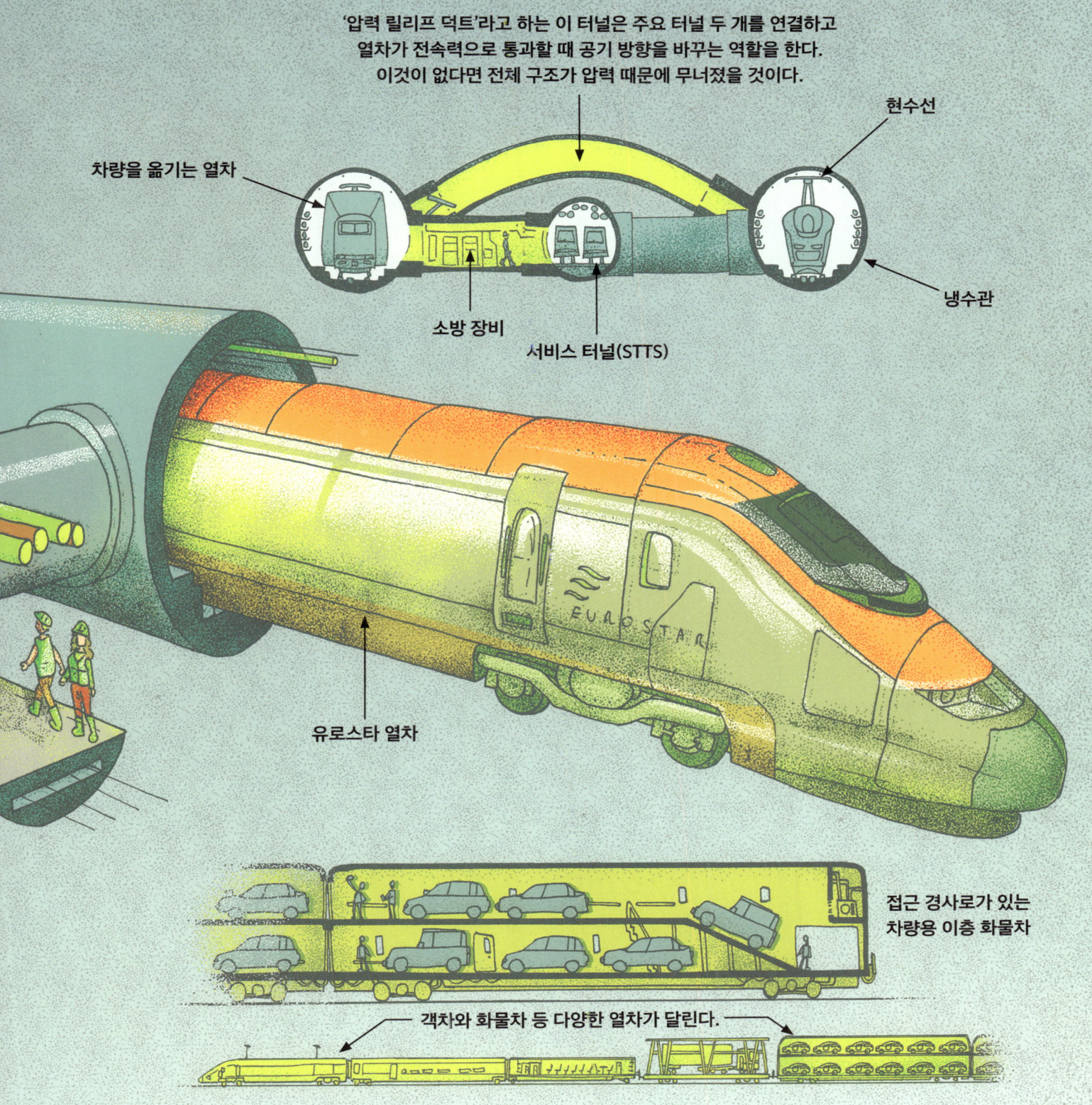

채널 터널 영국과 프랑스 사이 도버 해협, 1988~1994

영국과 유럽 대륙은 해안에서 해안까지 50킬로미터쯤 되는 도버 해협으로 나뉩니다. 이 정도면 꽤 짧은 거리라서 영국과 프랑스는 수 세기 동안 배를 타고 사람과 상품이 이동했어요. 그러나 오래전부터 엔지니어들의 머릿속을 떠나지 않는 아이디어가 있었어요. 양쪽 해안을 연결하는 거대한 터널을 건설한다면 어떨까? 상상은 쉽지만, 거의 불가능한 일이었어요. 하지만 이 프로젝트를 실현하려는 사람이 여럿 있었어요. 1856년 나폴레옹 3세가 건설을 승인하였지만 100년이 넘도록 시작하지 못했습니다.

1988년, 기술은 발전하였지만, 150킬로미터가 넘는 터널을 파는 작업은 간단하지 않았어요. 길이가 200미터나 되는 거대한 터널 굴착기들이 영국과 프랑스 해안 양쪽에서 바다로 들어와 매우 단단한 암석을 파헤치며 바다 밑 100미터 지점인 중앙까지 도달했어요. 그 계산이 얼마나 정확했던지 겨우 몇 미터를 벗어나지 않았어요. 기계는 파기만 한 것이 아니라 터널의 모든 구간을 완벽하게 완성하면서 작업을 해 나갔어요. 7년이 걸려, 마침내 1994년에 채널 터널이 개통됐어요. 이제 기차로 프랑스와 영국 사이를 여행할 수 있게 되었어요.

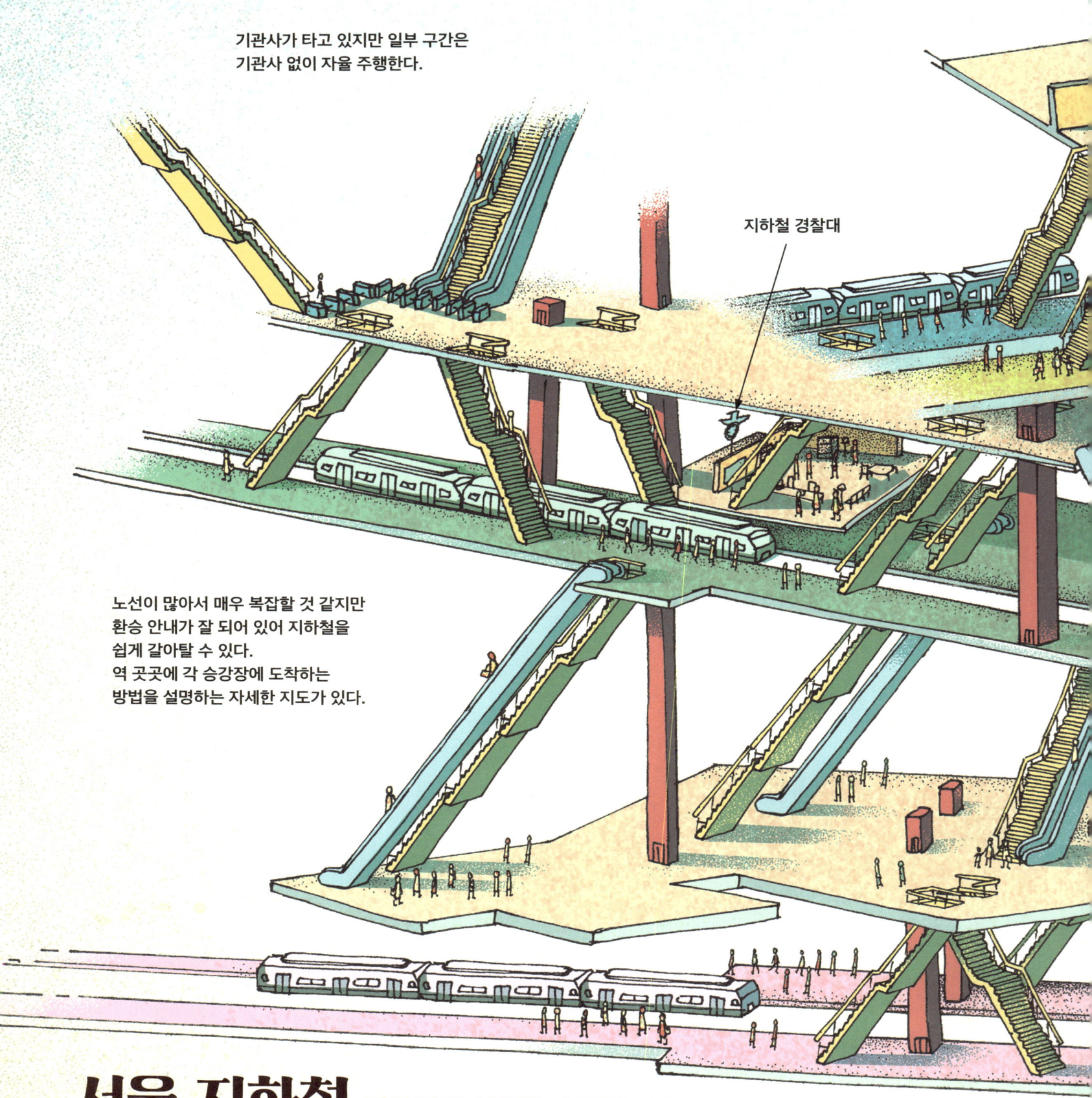

기관사가 타고 있지만 일부 구간은 기관사 없이 자율 주행한다.

지하철 경찰대

노선이 많아서 매우 복잡할 것 같지만 환승 안내가 잘 되어 있어 지하철을 쉽게 갈아탈 수 있다.
역 곳곳에 각 승강장에 도착하는 방법을 설명하는 자세한 지도가 있다.

서울 지하철 대한민국 서울과 수도권, 1971~2022

서울 지하철은 1974년에 개통되었어요. 영국의 지하철이 건설된 지 거의 100년이 지날 무렵이었습니다. 비교적 늦게 개통했지만, 세계에서 가장 크고 운송 인구가 많은 지하철 시스템으로 발전했어요. 세계에서 가장 큰 도시 중 하나인 서울의 각 지역을 연결할 뿐만 아니라 수도권 도시와 다른 지방까지 연결해요. 노선 11개가 약 350킬로미터를 운행하며 매일 700만 명 이상이 이동하는 것으로 추정해요.

서울 지하철은 모두 337개 역이 있고(2023년 9월 기준), 시속 약 30킬로미터로 달려요. 시민들은 매일 평균 두 시간 이상을 출퇴근에 들이고 있어요. 그래서 최고 시속 180킬로미터로 달릴 수 있는 광역 급행 철도 연장 공사가 진행되고 있습니다.

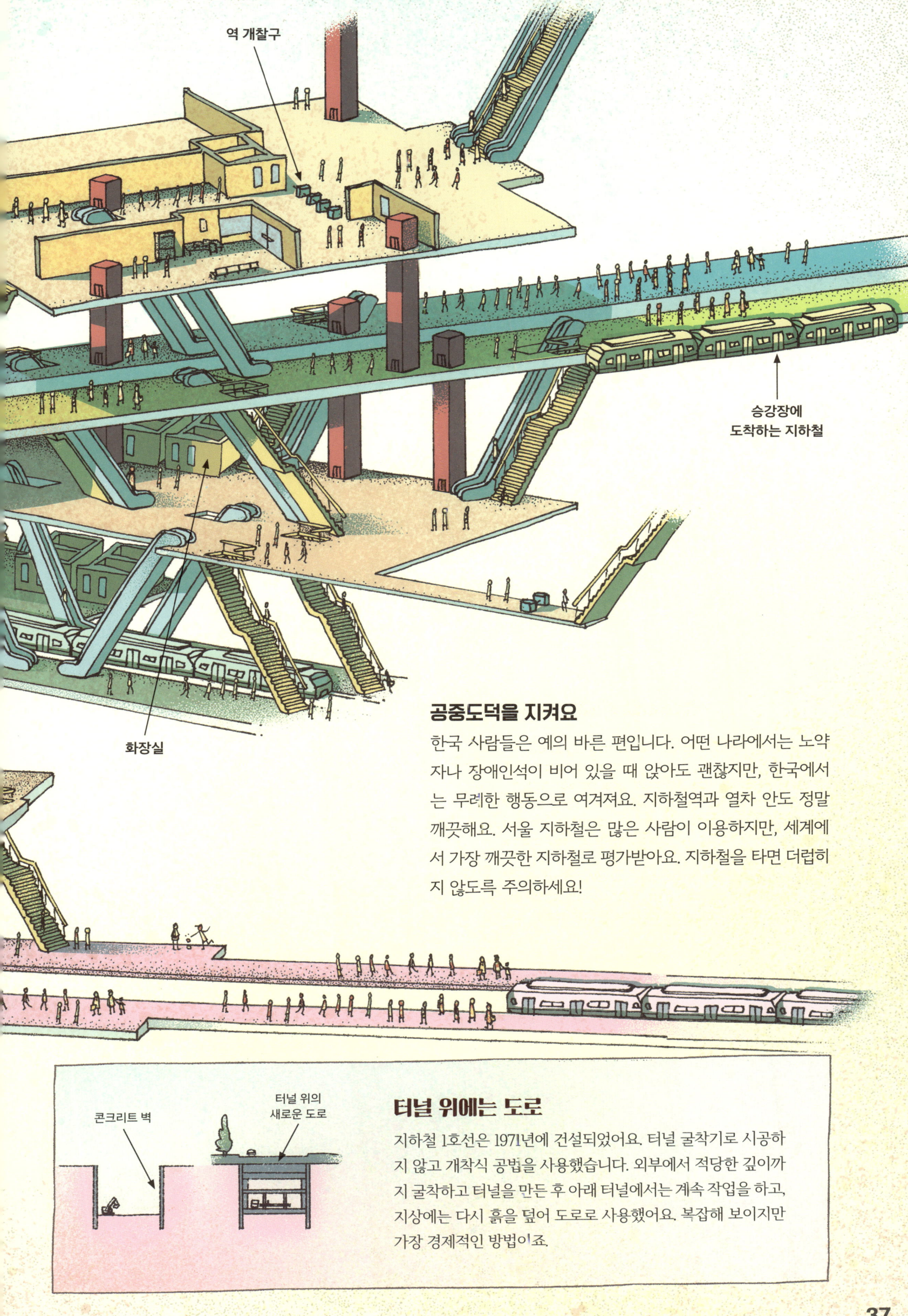

역 개찰구

승강장에 도착하는 지하철

화장실

공중도덕을 지켜요

한국 사람들은 예의 바른 편입니다. 어떤 나라에서는 노약자나 장애인석이 비어 있을 때 앉아도 괜찮지만, 한국에서는 무례한 행동으로 여겨져요. 지하철역과 열차 안도 정말 깨끗해요. 서울 지하철은 많은 사람이 이용하지만, 세계에서 가장 깨끗한 지하철로 평가받아요. 지하철을 타면 더럽히지 않도록 주의하세요!

콘크리트 벽

터널 위의 새로운 도로

터널 위에는 도로

지하철 1호선은 1971년에 건설되었어요. 터널 굴착기로 시공하지 않고 개착식 공법을 사용했습니다. 외부에서 적당한 깊이까지 굴착하고 터널을 만든 후 아래 터널에서는 계속 작업을 하고, 지상에는 다시 흙을 덮어 도로로 사용했어요. 복잡해 보이지만 가장 경제적인 방법이죠.

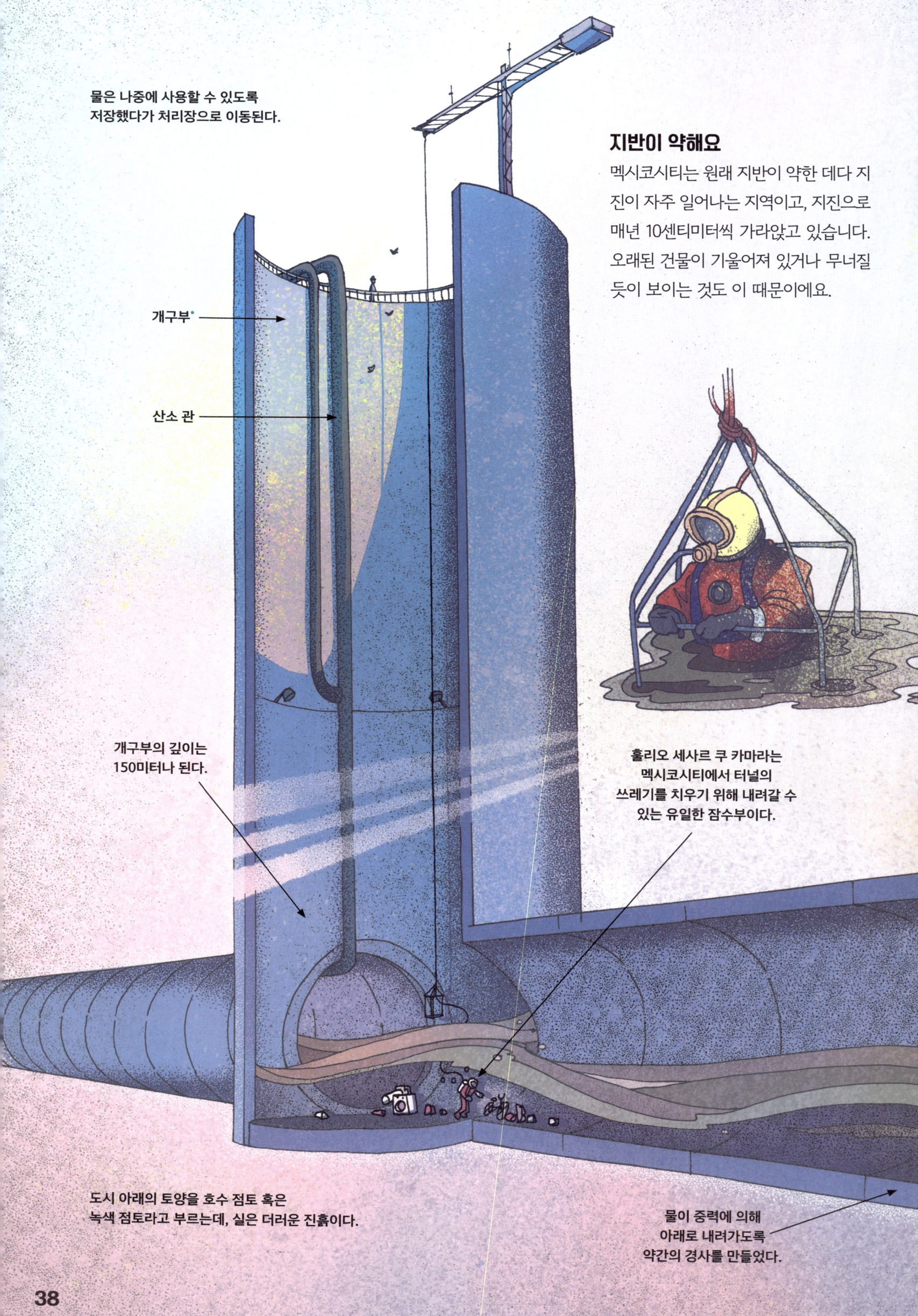

테오 배수 터널
멕시코 멕시코시티, 2008~2019

멕시코시티는 세계에서 가장 큰 도시 중 하나예요. 가장 불안정한 도시이기도 하지요. 이 도시가 예전에는 호수였거든요! 16세기에는 지금의 멕시코시티를 테노치티틀란이라고 불렀어요. 호수가 6개 있었는데, 비가 오는 우기가 되면 물이 가득 차면서 하나의 호수로 변했어요. 그렇게 형성된 텍스코코 호수의 섬이 테노치티틀란입니다. 그러나 스페인이 멕시코를 정복한 후 수자원 관리 체계가 무너져 다른 시스템을 고안해야만 했어요. 스페인 정복자들은 호수에 돌이나 흙을 채워 경작지를 만들고, 운하를 통해 서로 연결되는 인공 섬을 만들어 멕시코시티를 건설하였습니다. 도시가 점점 커지면서 호수를 계속 덮어 나갔고, 텍스코코 호수의 흔적조차 사라졌어요. 비가 와서 인근 하천과 강이 불어나 범람하자 문제가 생겼어요. 전에는 호수 쪽으로 많은 물을 흘려 보냈지만, 호수를 없앴기 때문에 도시는 재앙 수준의 홍수에 시달리게 됐어요. 이 문제를 해결하기 위해 도시 바깥쪽으로 많은 양의 빗물을 내보내는 아주 깊은 터널 여러 개를 건설하자는 의견이 나왔어요. 하지만 이 배수구 시스템은 곧 다른 문제에 부딪혔어요. 이 도시가 예전에 호수였기 때문에 바닥이 진흙이어서 단단하지 않았거든요. 터널을 안전하게 짓기가 매우 어려웠어요.
2019년 매일 약 13미터를 뚫는 성능 좋은 터널 굴착기가 11년간 작업한 끝에 테오 터널을 개통하게 됐어요. 총 길이가 62킬로미터가 넘고 초당 150세제곱미터씩 하수를 처리할 수 있지요. 거기다 최신 기술까지 갖추고 있답니다. 테오 터널은 21세기 가장 의미 있는 공학 작품 중 하나예요.

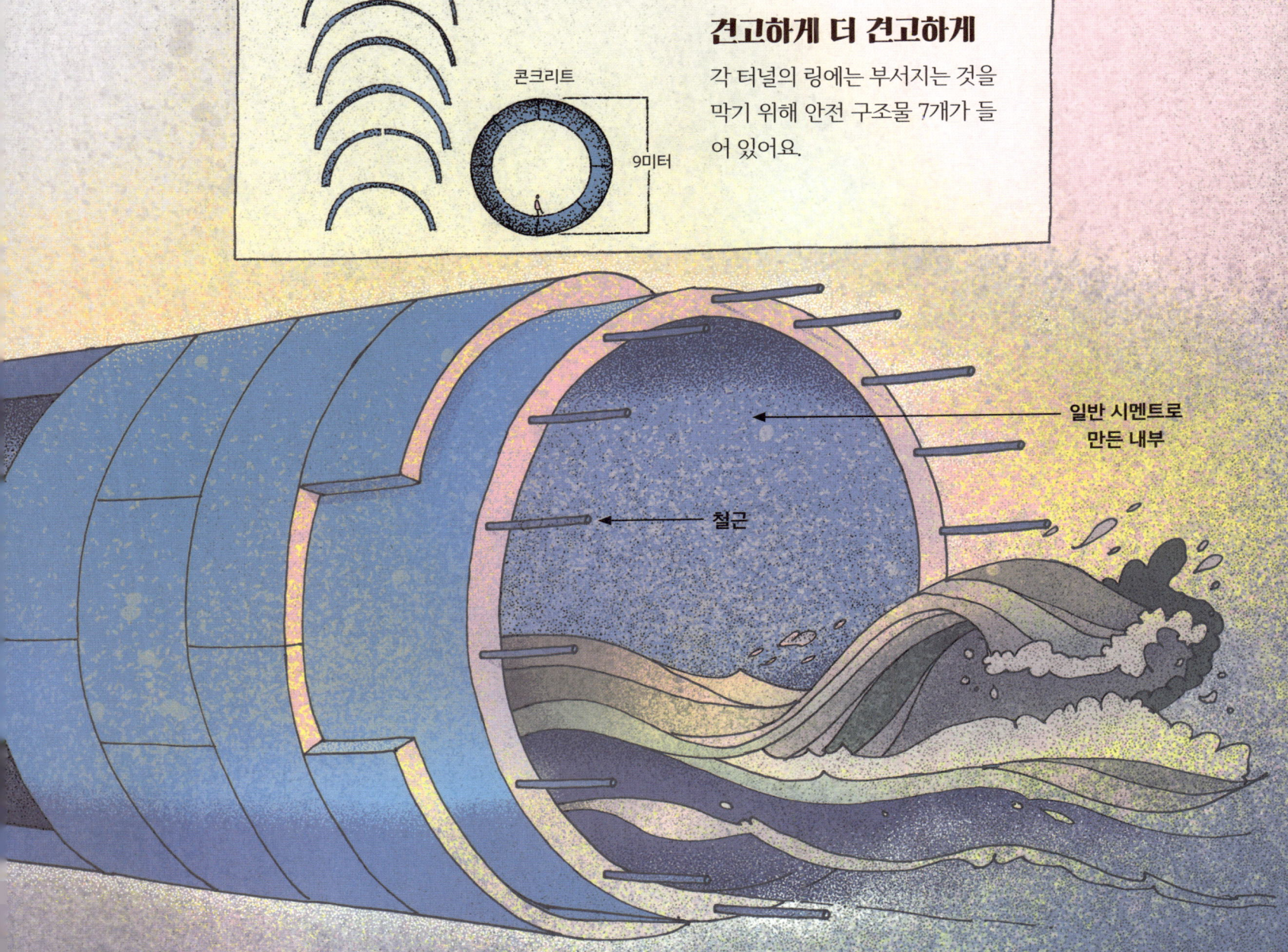

견고하게 더 견고하게
각 터널의 링에는 부서지는 것을 막기 위해 안전 구조물 7개가 들어 있어요.

스틸 링
콘크리트
9미터

일반 시멘트로 만든 내부
철근

*용어 해설을 보세요.

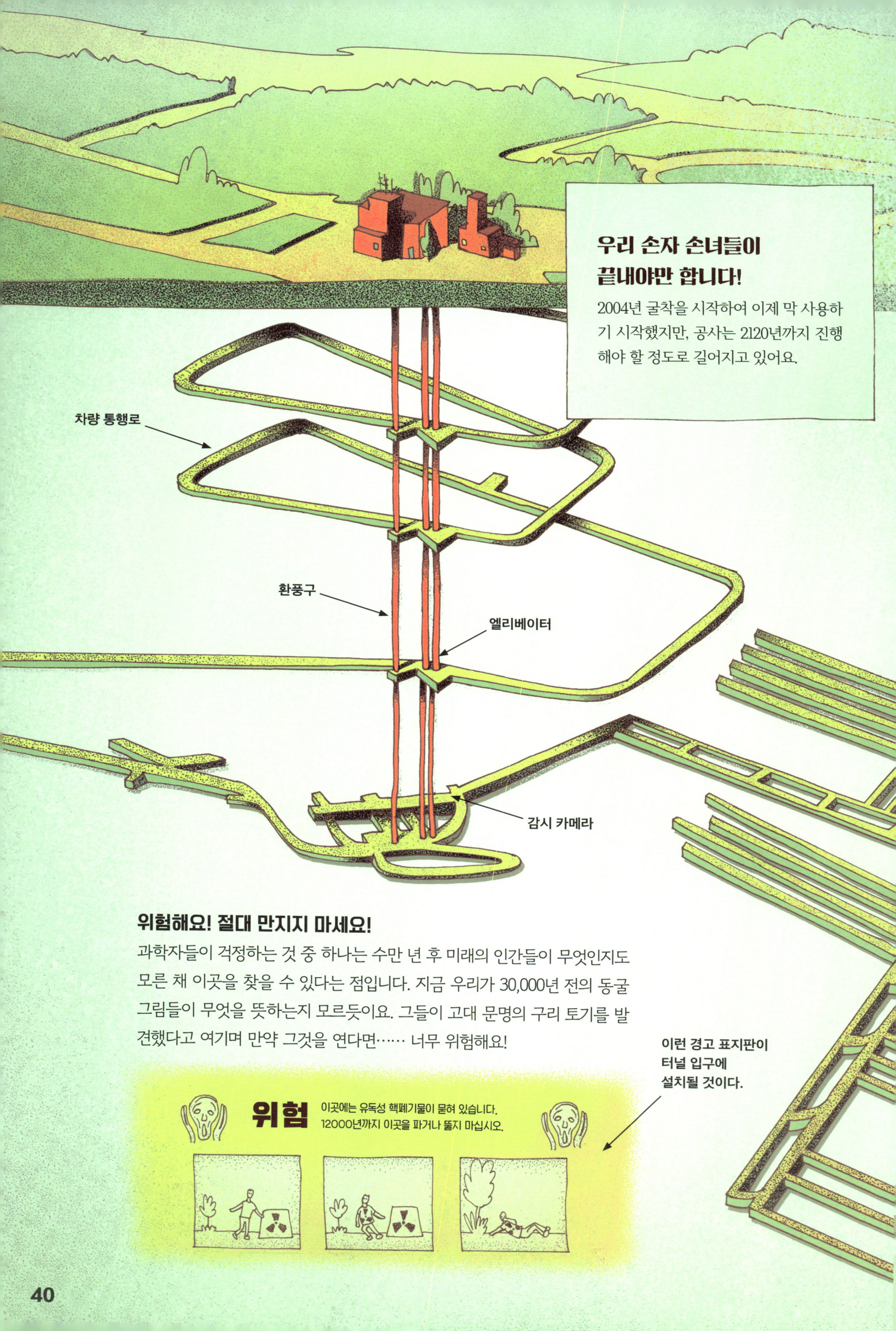

우리 손자 손녀들이 끝내야만 합니다!

2004년 굴착을 시작하여 이제 막 사용하기 시작했지만, 공사는 2120년까지 진행해야 할 정도로 길어지고 있어요.

차량 통행로
환풍구
엘리베이터
감시 카메라

위험해요! 절대 만지지 마세요!

과학자들이 걱정하는 것 중 하나는 수만 년 후 미래의 인간들이 무엇인지도 모른 채 이곳을 찾을 수 있다는 점입니다. 지금 우리가 30,000년 전의 동굴 그림들이 무엇을 뜻하는지 모르듯이요. 그들이 고대 문명의 구리 토기를 발견했다고 여기며 만약 그것을 연다면…… 너무 위험해요!

이런 경고 표지판이 터널 입구에 설치될 것이다.

위험 이곳에는 유독성 핵폐기물이 묻혀 있습니다. 12000년까지 이곳을 파거나 뚫지 마십시오.

온칼로 핵폐기물 처리장 핀란드 에우라요키, 2004

전기를 얻기 위해서는 석유, 석탄, 가스 등의 연료를 태워야 합니다. 이때 배출되는 가스는 심각한 오염 물질이라 기후 변화에 영향을 미칩니다. 그래서 태양광 에너지, 풍력 발전, 조력 에너지와 같은 친환경 대체 에너지를 오랫동안 모색해 왔어요. 과학자들은 원자력을 발견했을 때 완벽한 해결책을 찾았다고 생각했습니다. 원자* 반응이 상상할 수 없을 만큼 많은 양의 에너지를 방출한다는 것을 알아냈지요. 적은 방사성 물질로 수십 년 동안 많은 사람에게 전력을 공급할 수 있으니 경제적입니다. 또한 핵폐기물*은 보통 수증기처럼 보였어요. 사실이라면 정말 좋은 일 아닐까요? 그런데 그렇지가 않았어요. 원자력 에너지의 가장 큰 문제는 오염이 극도로 심각하다는 것이에요. 원자력 발전소는 수 미터 떨어진 곳에 있는 사람을 몇 초 안에 죽일 만큼 위험하고 수백 년 동안 환경을 오염시킬 수 있는 위험한 방사성 물질을 사용해요. 게다가 핵발전 후에 나오는 핵폐기물이 위험한 상태에서 벗어나려면 수백만 년이 걸려요. 만약 공룡이 핵폐기물을 묻었다면 우리는 아직도 위험한 상태에 있는 셈이에요.

방사성 물질은 원자력 발전소 안에 있을 때는 안전해요. 시멘트, 납, 물 등을 이용한 방호벽이 방사능을 막도록 설계되었기 때문입니다. 하지만 원자력 발전소의 저장고가 가득 찬다면 혹은 발전소에 고장이 난다면 어떤 일이 벌어질까요?

핀란드에서 좋은 해결책을 찾아냈어요. 먼저 단단하고 건조한 암반 지역에 터널을 팝니다. 그런 다음 강철 용기에 핵폐기물을 넣고 새어 나오는 것을 막기 위해 구리로 덮어요. 그리고 연료봉을 터널 바닥에 묻어요. 마지막으로 물을 흡수하는 점토인 벤토나이트로 틈을 메꾸고 콘크리트로 입구를 덮어 새어 나오지 않도록 합니다.

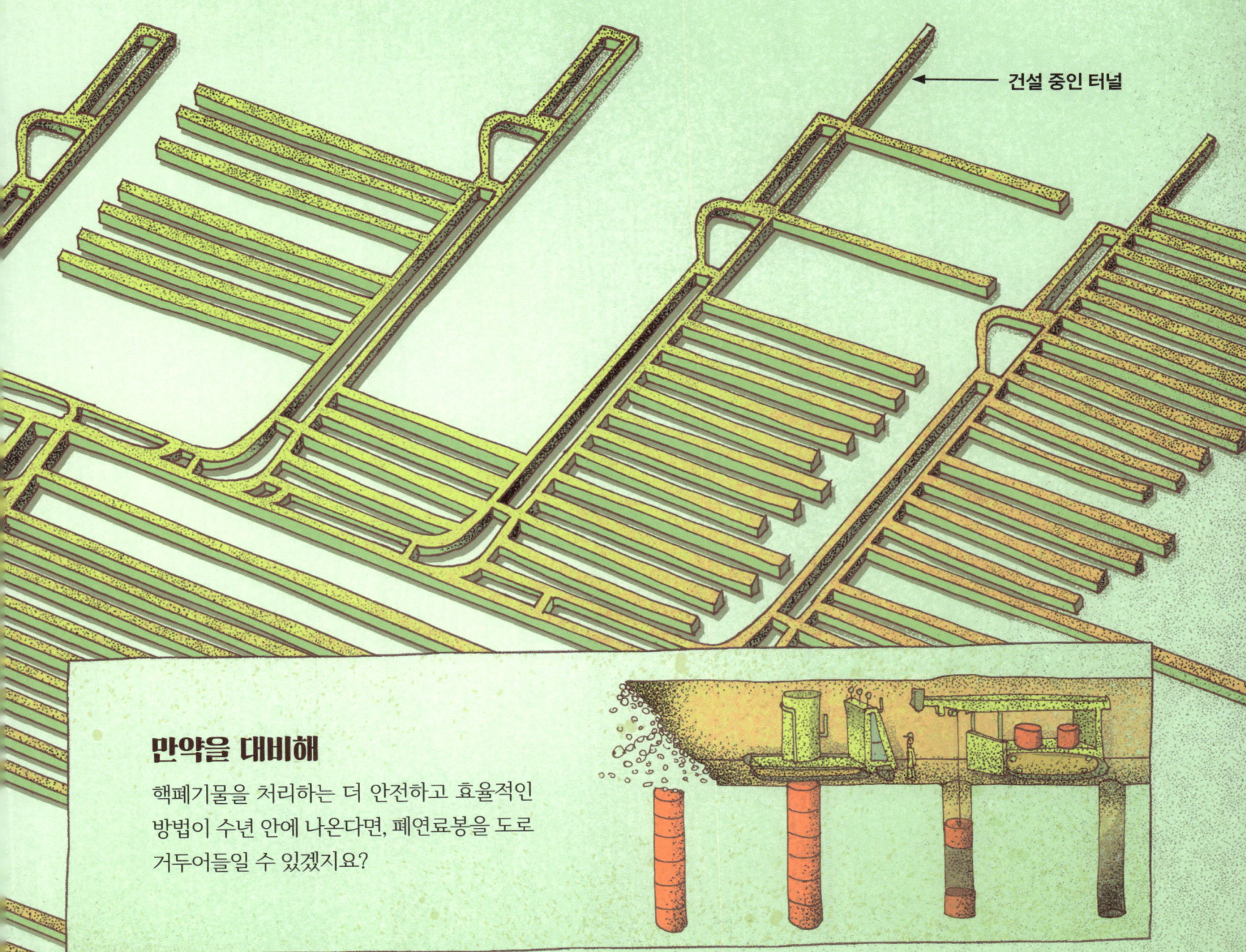

건설 중인 터널

만약을 대비해

핵폐기물을 처리하는 더 안전하고 효율적인 방법이 수년 안에 나온다면, 폐연료봉을 도로 거두어들일 수 있겠지요?

*용어 해설을 보세요.

머리 조심!
이 터널은 높이가 아주 낮아서 모든 차량이 통과할 수는 없어요. 새 터널을 만들자는 사람들도 있지만, 불가능해요. 이 터널을 유지하는 가장 좋은 방법은 인간의 개입을 최소화해서 자연 그대로의 아름다움이 훼손되지 않도록 보존하는 거예요. 이 공원에서는 돌 하나도 함부로 건드리지 않아요.

세쿼이아 나무 터널
미국 캘리포니아, 1937

터널은 크기를 자세히 재어 설계해야 하고, 복잡한 연구와 많은 인력이 필요한 화려한 구조물이기도 하지만, 어떨 때는 단순히 장애물을 극복하기 위해 건설하고, 또 어떨 때는 거의 즉흥적으로 만들어지기도 해요. 1937년 어느 날 아침, 캘리포니아 세쿼이아 앤 킹스 캐년 국립공원 관리인들은 여느 때처럼 나무 사이로 구불구불 이어진 작은 길을 따라 순찰하다가 놀라운 광경을 목격했어요. 84미터나 되는 세쿼이아 나무가 도로에 쓰러져 있었던 거예요.

자연스러운 일이었어요. 세쿼이아의 나이가 많아 나무 무게를 뿌리가 지탱할 수 없게 됐거든요. 이들은 여러 해결책 중 나무에 간단한 터널을 만드는 방법을 선택했어요. 수 톤이나 되는 나무를 옮기는 대신 나무의 몸통에 자동차가 지나갈 만큼만 구멍을 내기로 한 겁니다. 이 구멍은 높이 2.4미터, 폭 5.6 미터로, 오늘날 이 공원에서 가장 유명한 관광 명소가 되었어요. 셀카를 찍기 위해 멈추는 자동차 행렬이 얼마나 긴지 몰라요!

세쿼이아는 세계에서 가장 크게 자라는 나무이다. 이 나무의 나이는 2,000살이 넘는다고 여겨진다.

사랑의 메시지

나무 터널
1937년 12월 9일 쓰러짐.
나무 밑동 지름 6.4미터
터널 높이 2.4미터,
터널 너비 5.6미터

사진 찍기 위해
멈춘 관광객들

화성의 집 '마샤'

화성의 작은 집들은 매우 아늑할 거 같아요. 'AI 스페이스 팩토리'라는 회사는 외부로부터 우리를 보호해 주는 이중벽으로 된 달걀 모양 건물을 선보였어요. 나선형 계단으로 4층까지 오르내릴 수 있어요.

외투 잊지 마세요!

화성 적도에서는 기온이 섭씨 35도까지 오르지만, 추울 때는 영하 80도까지 떨어져요.

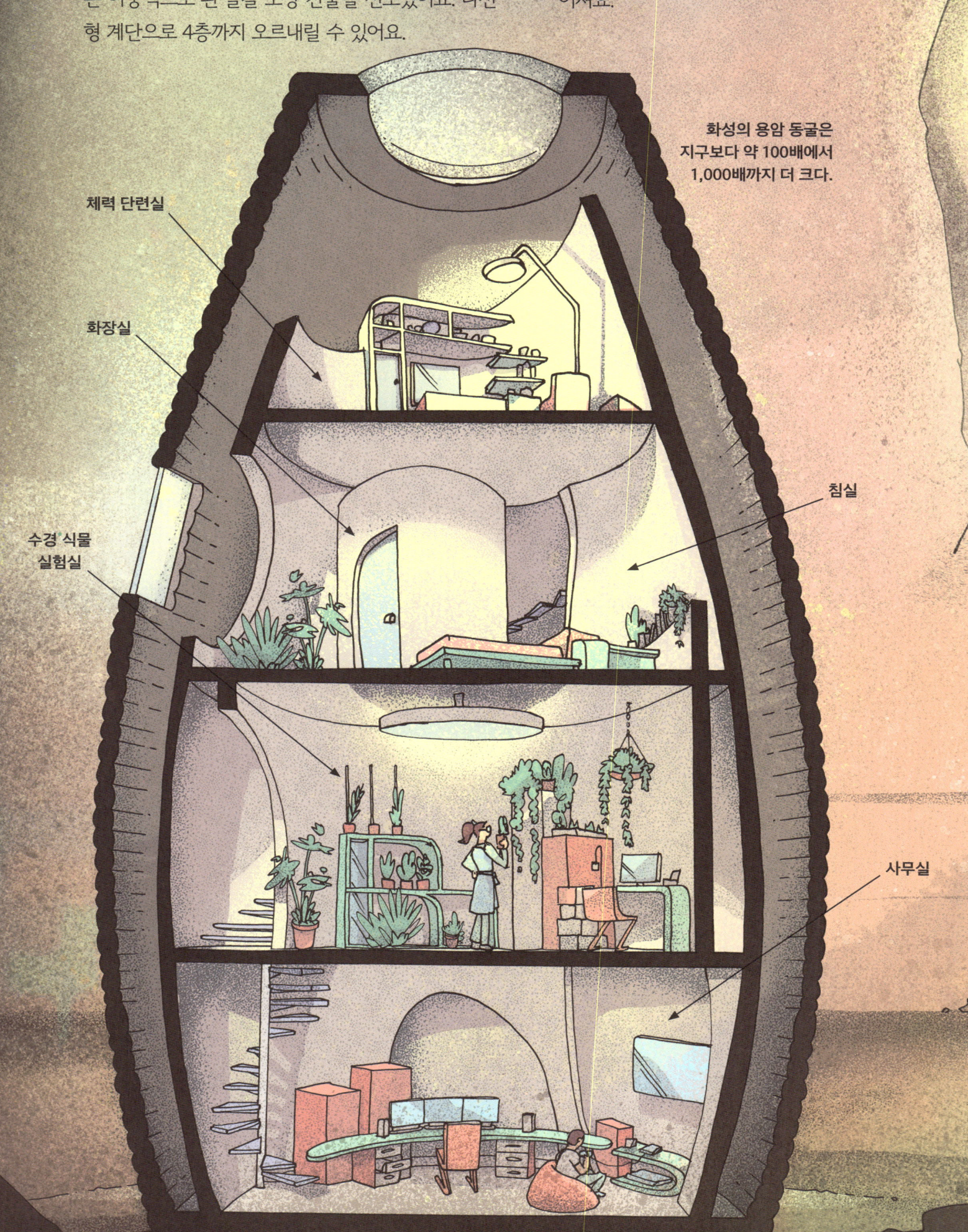

화성의 용암 동굴은 지구보다 약 100배에서 1,000배까지 더 크다.

- 체력 단련실
- 화장실
- 수경 식물 실험실
- 침실
- 사무실

화성 용암 동굴 화성, 먼 미래

자연 동굴에 가 본 적이 있나요? 지하에 있어서 좁고, 어둡고, 사람이 살기에 알맞지 않지요. 그런 곳으로 이사하려는 사람은 거의 없겠죠? 그런데 이런 동굴로 이사하자고 제안한 과학자들이 있어요. 게다가 화성으로요!

지구와는 달리 화성의 동굴은 거대해요. 어떤 동굴은 뉴욕의 센트럴 파크 전체가 들어갈 만큼 크고, 가장 큰 것은 수원시와 비슷하다고 해요. 이 동굴들은 수백만 년 전에 지표면으로 분출된 용암*이 흘러 만들어졌어요. 용암이 속이 텅 빈 채 말라붙어 아주 거대한 공간이 생겼지요. 이 거대한 자연 동굴이 화성의 자외선, 모래 폭풍, 해로운 우주 방사선으로부터 우리를 보호해 준다고 해요.

과학자들은 완벽한 계획을 세웠어요. 먼저, 거대한 동굴 아래 행성 표면에 식물을 기를 거예요. 필요한 물은 행성 하층토에 있는 넓은 얼음 호수에서 추출할 수 있어요. 그다음 식물에서 추출한 일부 화합물을 터널 내부의 모래와 섞어 시멘트를 만들어요. 마지막으로 거대한 3D 프린터*를 사용하여 화성에 어울리는 주거 지역을 만들 거예요. 100명 이상이 살기 충분한 건물들을 지을 계획입니다.

계획은 완벽하지만, 화성으로 이사하려면 아직 멀었어요. 왜냐하면 아직 화성 탐험을 시작할 탐사대조차 보내지 못했거든요. 여러분이 도전해 볼래요?

마샤를 만들 3D 프린터

용어 해설

3D 프린터 3차원 도면과 제어 프로그램을 이용하여 입체적인 물체를 만들어내는 기계.

개구부 자연채광과 환기를 제공하기 위한 창이나 문.

고고학자 오늘날까지 보존된 문서, 유물, 직물, 도자기, 도구, 뼈와 같은 유적이나 화석, 건축물을 통해 고대 문명을 연구하는 사람.

굴착기 땅이나 암석을 파고 파낸 것을 처리하는 기계.

레일 손수레가 미끄러질 수 있도록 땅 위에 금속이나 나무를 까는 시설.

벙커 공중에서 폭격할 때 피난처 역할을 하는 지하 콘크리트 구조물.

벽감 조각상이나 다른 물건을 보관하기 위해 벽에 뚫은 구멍.

분자 원자들이 결합한 것으로, 물질의 고유한 성질을 가지는 가장 작은 단위이다.

붕괴 다른 요인에 의한 힘의 작용으로 무언가를 매우 빠르고 강력하게 파괴하는 것.

빙하기 지구 온도가 내려가 중위도 지역까지 만년설이 지속되던 기간.

수경 흙을 사용하지 않고 영양분이 있는 물을 사용하는 식물 재배 시스템. 실험실에서 채소를 얻는 데 매우 유용함.

시멘트 물과 혼합하면 굳어지는 분말 형태의 재료.

시추공 지질 조사나 광물의 탐사를 위해 뚫은 구멍.

어도비 벽돌 중남미에서 사용하는 것으로 진흙과 물, 짚을 섞어서 이긴 다음 햇볕에 말린 벽돌.

엔지니어 건물부터 관개 시스템 혹은 도난 경보 장치에 이르기까지 과학기술을 사용하여 만들고 다루는 사람.

원자 가장 작은 물질 단위.

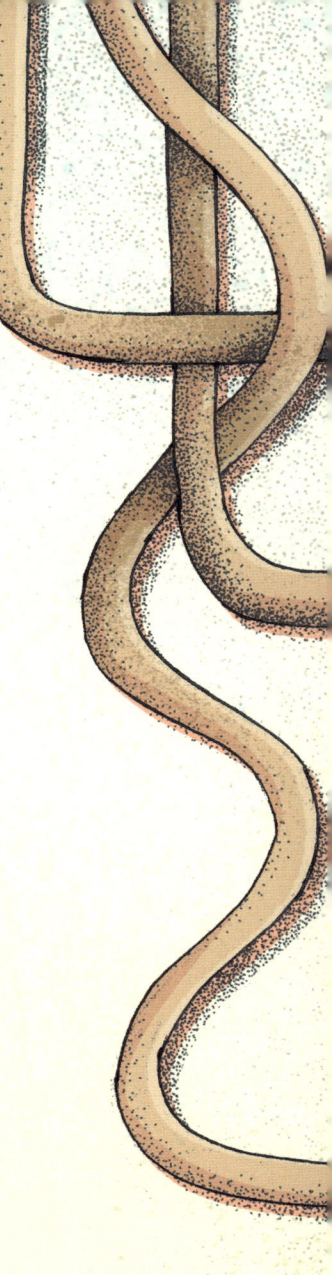

오로라 밤하늘에 색색의 빛이 모양을 바꾸며 움직이는 자연 현상으로 북극과 남극에 가까운 지역에서 나타난다.

위장 흙으로 덮거나 다른 물건처럼 보이게 하여 숨기는 것.

점토 아주 작은 흙가루로 물을 섞으면 물 양에 따라 뭉쳐지고 단단해진다.

용암 화산이 분출할 때 매우 높은 온도에서 녹은 암석.

입자 어떤 물질을 구성하는 아주 미세한 크기의 물체.

첨탑 뾰족한 원뿔 모양의 건물 장식.

채석장 건축에 쓸 돌을 캐거나 떠 내는 곳.

콘크리트 자갈, 석회, 시멘트, 모래, 물의 혼합물. 더 튼튼하게 만들기 위해 내부에 금속 막대기를 넣으면 철근 콘크리트라고 함.

터널 두 지점을 연결하거나 다른 용도로 사용하기 위해 인위적으로 만든 길.

핵폐기물 핵에너지를 사용하는 과정에서 생긴 방사성 물질이 들어 있는 폐기물.

황철석 밝은 노란색 황화철 광물, 종종 금으로 보이기도 함.

ALICE, ATLAS, CMS, LHCb 거대 강입자 충돌기 중간에 있는 추출기들로 각기 다른 입자들을 추출하는 거대한 실험실이다.

어릴 때 읽었던 책들 덕분에 이 일을 할 수 있었습니다.
책을 만들 수 있도록 저를 도와주시는 분들께 감사드립니다.

키코 산체스

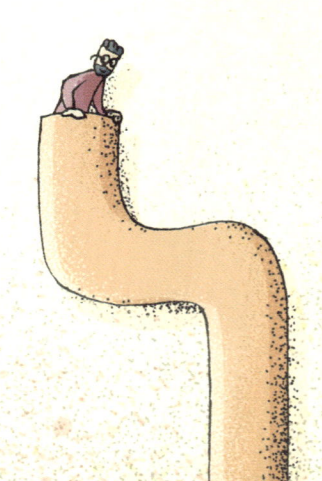

| 너머학교 역사 그림책 시리즈 |

아마존에서 조선까지 고무 따라 역사 여행
최재인 글 | 이광익 그림

조선에서 파리까지 편지 따라 역사 여행
조현범 글 | 강전희 그림

식탁에서 약국까지 설탕 따라 역사 여행
김곰 글 | 김소영 그림

하늘로 날아
샐리 덩 글·그림 | 허미경 옮김

세종로 1번지 경복궁 역사 여행
장지연 글 | 여미경 그림

망치질하는 어머니들 깡깡이마을 역사 여행
박진명 글 | 김민정 그림

한강 따라 역사 여행 (가제·근간)
장지연 글 | 전지 그림

시간의 지도 정말 아름다운 세계사
톰마소 마이오렐리 글 | 카롤라 마네아 그림 | 주효숙 옮김

색의 아틀라스 (가제·근간)
톰마소 마이오렐리 글 | 카롤라 마네아 그림 | 주효숙 옮김

| 너머학교 톡톡 지식그림책 시리즈 |

1 타다, 아폴로 11 호
브라이언 플로카 글·그림 | 이강환 옮김

2 증기기관차 대륙을 달리다
브라이언 플로카 글·그림 | 유만선 옮김